中高职教育贯通培养模式教材
会计精品专业建设成果教材

企业出纳岗位实务

主编　晏利平　马　睿

中国财富出版社

图书在版编目（CIP）数据

企业出纳岗位实务/晏利平，马睿主编．—北京：中国财富出版社，2018.4
（中高职教育贯通培养模式教材）
ISBN 978－7－5047－6630－4

Ⅰ.①企…　Ⅱ.①晏…②马…　Ⅲ.①会计—出纳—职业教育—教材　Ⅳ.①F231.7

中国版本图书馆CIP数据核字（2018）第080548号

策划编辑　葛晓雯　　**责任编辑**　惠　婳
责任印制　尚立业　　**责任校对**　杨小静　　**责任发行**　敬　东

出版发行　中国财富出版社
社　　址　北京市丰台区南四环西路188号5区20楼　　**邮政编码**　100070
电　　话　010－52227588转2048/2028（发行部）　　010－52227588转321（总编室）
010－68589540（读者服务部）　　010－52227588转305（质检部）
网　　址　http://www.cfpress.com.cn
经　　销　新华书店
印　　刷　中国农业出版社印刷厂
书　　号　ISBN 978－7－5047－6630－4/F·2877
开　　本　787mm×1092mm　1/16　　**版　　次**　2018年6月第1版
印　　张　10.75　　**印　　次**　2018年6月第1次印刷
字　　数　222千字　　**定　　价**　49.00元（含活页手册）

新疆商贸经济学校
《企业出纳岗位实务》教材编委会

主　编：晏利平　马　睿

编　委：（排序不分先后）

艾来提·托合提　郭爱梅

木塔力甫·买买提　张海燕

新疆维吾尔自治区中等职业教育
会计精品专业建设成果教材
“企业出纳岗位实务”建设专家指导委员会

前　言

出纳工作是单位财务工作的重要组成部分，是单位经济业务活动的第一道“关卡”。同时，出纳岗位也是会计类专业学生初次就业的岗位。随着市场经济的不断发展，出纳工作变得越来越重要，其工作质量的好坏直接影响单位财务管理水平和单位经营决策。所以，本书以完全仿真的资料为基础，以实际工作中的业务流程和操作步骤为依据，以任务为载体，参照企业出纳岗位的实际工作内容，主要编写了出纳是做什么的、出纳必须会做什么、出纳必须会用什么、现金出纳能做什么、银行出纳能做什么、企业年度报告与涉税事宜六大项目模块，建立了以出纳岗位需求为体系的学习新模式，缩短了学习与就业、培训与工作的距离。

本书的主要特点如下：

第一，具有专业性和针对性。本书以培养出纳岗位技能为目标，根据出纳岗位需求，结合我国财经法规、相关制度以及出纳人员的实际工作经验设计任务内容，注重培养学生的综合素质与职业能力。

第二，内容翔实、技术实用。本书介绍了出纳工作中必须会做的八大事项、必须会用的四大工具，比如点钞验钞、查验发票真伪、发放工资、使用印鉴、使用保险柜等。内容设计突出岗位技能，穿插岗位知识，使理论与实践达到有机结合。

第三，形式新颖，内容易读。本书的内容以工作任务为载体，按照工作任务和工作过程的逻辑关系进行过程设计，条理清楚，体例新颖。具体的任务注重模拟实际工作环境，所列业务、所需凭证等资料尽可能地与实际情况相符合，并给出了详细的任务实施步骤，以及相应的理论基础和思考过程，还附有大量的图表，令内容一目了然、好读好懂。

编者希望读者能够通过本书的学习，提高出纳岗位工作技能，同时也能引发对出纳的兴趣，因为兴趣是最好的老师，有了兴趣，工作才不会显得那么枯燥。另外，本书还赠有配套课件，便于教学。

本书由晏利平、马睿担任主编，全书由马睿拟定编写大纲，晏利平审定大纲并总纂定稿，明确指导思想和具体要求。具体章节编写分工为：晏利平编写了项目一、项目二、项目五；马睿编写了项目三、项目四、项目六。

本书无论是在内容上还是在编写体例上均做出了新的尝试，既可以作为中等职业院校、高等职业院校财会专业的教材与教辅资料，也可以作为企业出纳岗位培训教材，更对自主创业人士富有指导价值。

本书在编写过程中，得到了新疆商贸经济学校领导的高度重视、课程建设专家指导委员会的悉心指导、北京络捷斯特科技发展股份有限公司的技术支持，在此一并表示感谢。由于编者水平和实践经验有限，书中可能存在疏漏与不足之处，恳请读者批评指正。

编　者

2017 年 9 月

目 录

项目一　出纳是做什么的

任务一　认知出纳岗位

瞄准靶心

能够认知出纳岗位的岗位职责；
能够认知出纳工作的基本要求。

出纳，按照字面意思解释，“出”指支出，“纳”指收入，即管理货币资金、票据、有价证券支出和收入的一项工作。具体是按照有关规定和制度，办理本单位的现金收付、银行结算及有关账务，保管库存现金、有价证券、财务印章及有关票据等工作的总称。

步骤一：认知出纳岗位职责

根据《会计法》《会计基础工作规范》等财会法规，出纳岗位的职责如表 1－1－1 所示。

表 1－1－1　　出纳岗位职责

序号	主要职责	具体解释
1	办理现金收付和银行结算业务	严格遵守现金开支范围的规定，非现金结算范围不得用现金收付； 遵守库存现金限额的规定，超限额的现金按规定及时送存银行； 现金日清月结，账面余额与库存现金及时核对，保证账实相符； 及时核对银行存款日记账与银行对账单，如有不符，应及时查明原因，原因有两个方面：一是双方或一方记账有误；二是存在未达账项。对于未达账项，应通过编制银行余额调节表进行调整

续 表

序号	主要职责	具体解释
2	登记账簿并结账	办理现金和银行存款收付业务时，要严格审核有关原始凭证，再据以编制收付款凭证，然后根据编制的收付款凭证逐笔顺序登记现金日记账和银行存款日记账，并结出余额
3	办理外汇业务	熟悉国家外汇管理制度，能够及时办理结汇、购汇、付汇
4	掌握银行存款余额，不签发空头支票，不出租出借银行账户	出纳应规范使用支票和银行账户，防止出现结算漏洞，同时也防止经济犯罪、维护经济秩序
5	保管库存现金和各种有价证券的安全与完整	建立适合本单位情况的现金和有价证券（如国库券、债券、股票等）保管责任制度，若因出纳管理不善发生短缺，由其进行赔偿
6	保管有关印章、空白收据和空白支票	建立严格的票据、印章管理办法。通常，单位财务公章和法人名章要实行分管，交由出纳保管的印章要严格按规定用途使用，各种票据要办理领用和注销手续

出纳和会计的区别

出纳和会计在财务岗位中有各自不同的分工，概括来说，出纳负责企业现金和银行收付的工作，会计负责企业经济业务的核算工作。

在进行财务岗位设置时，可一人一岗、一人多岗或一岗多人，各单位依据自身特点具体确定。根据企业内部控制“账、钱、物分管”的原则，企业的“账”与“钱”应分别由不同的财务人员管理。

出纳人员不得同时负责稽核、会计档案保管及收入、费用、债权债务账目的登记工作；会计人员不允许保管现金、登记日记账和管理银行票据。

出纳和会计既有区别又有联系，“出纳管钱、会计管账”，相互牵制，相互合作，共同完成经济业务的记录工作。

步骤二：认知出纳岗位的基本要求

（1）职业道德。具备良好的职业道德修养，最重要的是保持一颗清正廉洁的职业心，方为立业之本。其次，应爱岗敬业，对工作认真负责；遵纪守法，不以职务之便谋取一己私利；诚实守信，不做假账，不贪、不占公家便宜；实事求是，真实客观地反映经济活动；保守商业机密，立足本单位的中心工作和总体利益，为全体员工服务。

（2）熟悉法规。由于出纳工作涉及各种会计制度、现金管理制度及银行结算制度、税收管理制度、发票管理办法以及本单位财务制度等规定，所以出纳必须熟悉、掌握这些法律、法规，提高自己的专业知识水平，按照规章制度办事，才能避免工作中发生不该出现的错误。

（3）业务技能。出纳除了要掌握财会专业基本知识，还应熟练使用办公软件，掌握填票据、点钞票等基本技能，练就较强的数字运算能力，提高汉字、阿拉伯数字的规范书写能力，能够填制书写规范、齐全、摘要精练的票据。

（4）安全意识。出纳应具备强烈的安全意识，以保证企业的财产物资安全。出纳日常对现金、有价证券、票据和各种印鉴等企业财产进行保管，应时刻保持安全意识，既要有内部的保管分工，又各负其责，并相互牵制；对外要做好保安措施，从门、屉、柜的锁具配置到保险柜密码的管理，都要符合安全保护的要求。

任务二　交接出纳工作

瞄准靶心

能够依据出纳工作交接的内容明确工作交接的责任；

能够依据出纳工作交接的流程进行工作交接。

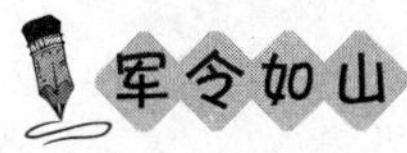

2017 年 5 月 1 日，新疆彭洪有限公司财务部发生人员变动，现会计主管王红要求原出纳王婷婷在离职前将原工作移交给新出纳张琳。交接前，原出纳王婷婷所管的票、款、物情况如表 1-2-1 所示，那么，张琳和王婷婷如何才能做好交接工作呢？

表 1-2-1　　票、款、物保管明细

项　目	明　细
现金日记账	2017 年 4 月 30 日现金日记账余额：1 268.00 元
银行存款日记账	2017 年 4 月 30 日银行存款日记账余额：138 500.00 元
库存现金	2017 年 4 月 30 日库存现金实有数为 3 428.00 元，其中包含卢月 2017 年 3 月未领的工资 2 160.00 元
空白票据	现金支票：02415276—02415300，共 25 张 转账支票：08017880—08017885 ，共 6 张

续 表

项 目	明 细
其他	报税卡：1张；水卡：1张；电卡：1张；有线电视卡1张；工商银行分行预留印鉴卡1张；“现金收讫”“现金付讫”“转讫”印鉴；财务专用章；收款收据1本
公司钥匙	保险柜内、外共4把；桌屉2把；资料柜上下钥匙各2把，中间两抽屉各1把，共6把；总计12把

《会计法》第四十一条规定：“会计人员调动工作或者离职，必须与接管人员办清交接手续。一般会计人员办理交接手续，由会计机构负责人（会计主管人员）监交；会计机构负责人（会计主管人员）办理交接手续，由单位负责人监交，必要时主管单位可以派人会同监交。”出纳交接要按照会计人员交接的要求进行。出纳调动工作或者离职时，与接管人员办清交接手续，是出纳应尽的职责，也是分清移交人员与接管人员责任的重大措施。办好交接工作，可以使出纳工作前后衔接，防止账目不清、财务混乱。

步骤一：移交前的准备工作

1. 原出纳王婷婷需要提前做好的准备工作

（1）将日记账登记完毕，并在最后一笔余额处加盖名章，如图1－2－1、图1－2－2所示。

现金日记账

2017年		凭证		摘要	借方											贷方											借或贷	余额											✓
月	日	字	号		亿	千	百	十	万	千	百	十	元	角	分	亿	千	百	十	万	千	百	十	元	角	分		亿	千	百	十	万	千	百	十	元	角	分	
4	1			上月结转					1	4	8	9	4	0	0					1	4	6	7	4	0	0	借							2	2	0	0	0	
	5	记	4	提取备用金						3	0	0	0	0	0												借						3	2	2	0	0	0	
	10	记	6	王涛报销餐费																		5	5	2	0	0	借						2	6	6	8	0	0	
	12	记	9	支付水电费																		1	0	0	0	0	借						2	5	6	8	0	0	
	18	记	12	李文借差旅费																	1	6	0	0	0	0	借							9	6	8	0	0	
	23	记	18	提取备用金						1	0	0	0	0	0												借						1	9	6	8	0	0	
	28	记	24	购买办公用品																		7	0	0	0	0	借						1	2	6	[illegible]	0	0	
4	30			本月合计						4	0	0	0	0	0						2	9	5	2	0	0	借						1	2	6	[illegible]	0	0	
4	30			本年累计					1	8	8	9	4	0	0					1	7	6	2	6	0	0	借						1	2	6	8	0	0	

王婷婷

图1－2－1 现金日记账

银行存款日记账

2017年		凭证		摘要	借方											贷方											借或贷	余额											√
月	日	字	号		亿	千	百	十	万	千	百	十	元	角	分	亿	千	百	十	万	千	百	十	元	角	分		亿	千	百	十	万	千	百	十	元	角	分	
4	1			上年结转				3	6	6	8	0	0	0	0				2	9	0	8	0	0	0	0	借					7	6	0	0	0	0	0	
	5	记	4	提取备用金																	3	0	0	0	0	0	借					7	3	0	0	0	0	0	
	8	记	5	支付货款																2	2	0	0	0	0	0	借					5	1	0	0	0	0	0	
	10	记	7	销售产品					5	8	5	0	0	0	0												借				1	0	9	5	0	0	0	0	
	23	记	18	提取备用金																	1	0	0	0	0	0	借				1	0	8	5	0	0	0	0	
	28	记	25	收到前欠货款					3	0	0	0	0	0	0												借				1	3	8	5	0	0	0	0	
4	30			本月合计					8	8	5	0	0	0	0					2	6	0	0	0	0	0	借				1	3	8	5	0	0	0	0	
4	30			本年累计				4	5	5	3	0	0	0	0				3	1	6	8	0	0	0	0	借				1	3	8	5	0	0	0	0	

王婷婷

图 1－2－2　银行存款日记账

（2）将现金日记账、银行存款日记账的余额与会计处的库存现金总账、银行存款总账的余额核对，保证账账相符，若有不符，查明原因。

（3）将现金的账面余额与库存现金实有数核对，银行存款账面余额与银行对账单核对，保证账实相符。若现金有不符，查明原因；若银行存款有不符，存在未达账项，需填制银行存款余额调节表进行调整。银行对账单如图 1－2－3 所示，银行存款余额调节表如图 1－2－4 所示。

中国工商银行伊宁支行对账单

支行：伊宁支行　　打印日期：2017年04月30日

户名：*******************洪　账号：02***************　　第02页

申请日期：2017/04/01-2017/04/30

日　期	交　易	凭证号	上次余额	发生额（借-/贷+）	余　额	柜　员
20170418	现金		109 500.00	1 000.00	108 500.00	10036
20170428	收款		108 500.00	30 000.00	138 500.00	10036

财务专用章

图 1－2－3　中国工商银行伊宁支行对账单

银行存款余额调节表

银行名称：中国工商银行伊宁支行

银行账户名称：***********

银行账号：0200538827990088700

2017年×月×日　　　　单位：元

项　目	金　额	项　目	金　额
银行存款日记账余额	138 500.00	银行对账单余额	138 500.00
加：银行已收 企业未收	0.00	加：企业已收 银行未收	0.00
减：银行已付 企业未付	0.00	减：企业已付 银行未付	0.00
调节后余额	138 500.00	调节后余额	138 500.00

图 1-2-4　银行存款余额调节表

（4）分别在银行存款日记账启用表与现金日记账启用表上填写移交日期，并加盖名章，如表 1-2-2 所示。

表 1-2-2　　账簿启用登记和经管人员一览

使用者名称	银行存款日记账			印鉴
账簿名称				
账簿编号				
账簿页数		本账簿共计 100 页		
启用日期	2017 年 1 月 1 日			
责任者	主管 王红	会计	记账 张三	审核
经管人姓名及交接日期	王婷婷	接管 2017 年 1 月 1 日		
		交出 2017 年 5 月 1 日		
	张琳	接管 2017 年 5 月 1 日		
		交出　年　月　日		
		接管　年　月　日		
		交出　年　月　日		
		接管　年　月　日		
		交出　年　月　日		
备考				

现金日记账启用表同上。

（5）整理应移交的各种资料，对未了事项要写出书面说明。

（6）编制“移交清册”，填明移交的账簿、凭证、现金、有价证券、支票簿、文件资料、印鉴和其他物品的具体名称和数目。

“移交清册”包括移交表和交接说明书两部分。移交表有“银行存款移交表”“有价证券、贵重物品移交表”“物品移交表”“核算资料移交表”“印鉴移交表”等。

2. 交接前张琳需做的准备工作

接交人员在交接前应做好接替准备，提前刻好自己的个人印鉴以便双方印鉴更换。

步骤二：正式交接

（1）监交。此次交接属一般会计人员办理交接手续，可以由单位会计机构负责人或者会计主管人员监交。所以，要求此次交接应在会计主管王红的监督下完成。

为明确责任，会计人员办理工作交接时，必须有专人负责监交。通过监交，保证双方都按照国家有关规定认真办理交接手续，防止流于形式，保证财务工作不因人员变动而受影响；保证交接双方处在平等的法律地位上享有权利和承担义务，不允许任何一方以大压小，以强凌弱，或采取非法手段进行威胁。移交清册应当由监交人员审查和签名或盖章，作为交接双方明确责任的原始凭据。

（2）移交。王婷婷的离职交接，必须在规定的期限内向接交人员移交清楚。移交人员在办理交接时应根据移交清册内容逐项移交，移交时必须交好工作、交好经验；接交人员应认真按移交清册当面点收，交接时认真仔细、积极听取移交人员的建议和经验。

具体移交项目如表 1－2－3 所示。

表 1－2－3　　**移交办理**

移交项目	移交人（王婷婷）	接管人（张琳）	备注
库存现金	当面点交，不得短缺	按照日记账余额当面点收	
	现金不一致，在规定的期限内负责查清	待查清后接收	
	有“白条抵库”现象时，在规定的期限内负责查清	待查清后接收	
有价证券	点交	按备查簿余额进行点收	
	有价证券面额若出现与发行不一致时，按账面金额交接	按账面金额接收	
会计资料	日记账和其他会计资料不得遗漏	接收，要完整无缺，且要继续使用移交前的账簿，做好前后衔接	不擅自另立账簿；电算企业需打印
	账簿资料如有短缺，须查明原因	注意在移交清册上注明由移交人负责	

续 表

移交项目	移交人（王婷婷）	接管人（张琳）	备注
银行存款	银行存款账户要与银行对账单核对一致	接收	
	如有未达账项，需与银行存款余额调节表调节后的余额相符	相符后接收	如发现疑问，可一同到开户银行当场复核核对
其他财产物资	据实移交	据实接收。注意应由接管人更换预留在银行的印鉴章	如财务章、人名章、收据、空白支票、科目印章、支票专用章等
	逐一移交	接收。立即更换保险柜密码及有关锁具	保险柜、钥匙等

出纳工作交接的同时，要逐项填写《移交清册》。

出纳移交清册

原出纳员王婷婷，因工作调动，财务部已决定将出纳工作移交给张琳接管。现办理如下交接：

1. 交接日期：2017 年 5 月 1 日。

2. 具体业务的移交：

（1）库存现金：2017 年 4 月 30 日实际余额 3 428.00 元（大写：人民币叁仟肆佰贰拾捌元整），其中：卢月 2017 年 3 月工资未领，共 2 160.00 元，差数为 1 268.00 元，与 2017 年 4 月 30 日现金日记账余额：1 268.00 元，大写：人民币壹仟贰佰陆拾捌元整相符。

（2）银行存款日记账余额 138 500.00 元（大写：人民币壹拾叁万捌仟伍佰元整）；经编制“银行存款余额调节表”核对相符。附银行存款移交表一份。

3. 移交的会计凭证、账簿、文件：

（1）本年度现金日记账一本；

（2）本年度银行存款日记账一本；

（3）支票：空白现金支票 25 张，空白转账支票 6 张；

（4）收款收据一本；

（5）工商银行分行预留印鉴卡一张。

以上均与实物核对相符，附出纳票证移交表一份。

4. 印鉴：现金收讫章、现金付讫章、转讫章、财务专用章，与实物核对相符，附保管印鉴移交表一份。

5. 物品：报税卡、水卡、电卡、有线电视卡、钥匙，与实物核对相符，附物品移交表一份。

6. 交接前后工作责任的划分：

（1）2017 年 5 月 1 日前的出纳责任事项由王婷婷负责；

（2）2017 年 5 月 1 日起的出纳工作由张琳负责。

以上移交事项均经交接双方认定无误。

7. 本交接书一式三份，双方各执一分，存档一份。

附表附后，如图 1－2－5 至图 1－2－8 所示。

移交人：王婷婷（签名盖章）

接管人：张琳（签名盖章）

监交人：王[illegible]（签名盖章）

新疆彭洪有限公司财务处（公章）

2017 年 5 月 1 日

银行存款移交表

项次	银行账户名称	银行账号	银行存款余额	备注
1	工商银行	××××××××××××××××	138 500.00元	
合计			138 500.00元	

以上数据与2017年4月30日银行提供的银行对账单余额表核对相符。

图 1－2－5　银行存款移交表

出纳票证移交表

序号	票证名称	编号	数量
1	空白现金支票	02415276—02415300	25
2	空白转账支票	080[illegible]880—08017885	6
3	收款收据		1
4	工商银行分行预留印鉴卡		1

图 1－2－6　出纳票证移交表

出纳物品移交表

序号	物品名称	数量
1	报税卡	1
2	水卡（6—7—102X）	1
3	电卡（6—7—122X）	1
4	有线电视卡	1
5	保险柜钥匙内、外	4
6	桌屉钥匙	2
7	资料柜中间两抽屉钥匙	2
8	资料柜上下钥匙	4

图 1－2－7　出纳物品移交表

保管印鉴移交表

序号	印鉴名称	数量
1	财务专用章	1
2	现金收讫	1
3	现金付讫	1
4	转讫	1

图 1－2－8　保管印鉴移交表

步骤三：交接后有关事宜

1. 交接后签名盖章

出纳工作交接完毕后，交接双方和监交人员要在移交清册上签名盖章，要在移交清册上注明单位名称、交接日期、交接双方和监交人的职务、姓名、移交清册页数及需要说明的问题和意见等。

2. 移交清册

移交清册填制一式三份，交接双方各持一份，存档一份。

出纳交接应注意的事项

1. 出纳人员进行交接时，一般由会计主管人员监交，必要时，还可请上级领导一同监交。

2. 交接过程中，如果移交人交代不清，或者接交人故意为难，监交人员应及时处理裁决。移交人不作交代，或者交代不清的，不得离职，否则，监交人和单位领导人均应负连带责任。

3. 移交时，交接双方一定要当面看清、点清、核对，不得由别人代替。

4. 交接后，接管的出纳应及时向开立账户的银行办理更换出纳印鉴的手续，检查保险柜的使用是否正常、妥善，保管现金、有价证券、贵重物品、公章等的条件和周围环境是否符合要求，如不够妥善、安全，要立即采取改善措施。

5. 接交人接管后应继续使用移交前的账簿，不得擅自另立账簿，以保证会计记录前后衔接，内容完整；对于移交的银行存折和未用的支票，应继续使用，不得搁置、浪费，以免单位遭受损失。

6. 交接后，移交人应对自己经办的已经移交的资料的合法性、真实性承担法律责任，不能因为资料已经移交而推脱责任。

战术提升

2017 年 7 月 1 日，秦琪因病将离职，长风有限公司会计主管李雪交代王丹接受此项工作。交接前，原出纳秦琪所管票、款、物情况如下：

1. 现金日记账

现金日记账 1 本，2017 年 6 月 30 日现金日记账余额：685.00 元。

2. 银行存款日记账

银行存款日记账 1 本，2017 年 6 月 30 日银行存款日记账余额：899 200.00 元。

3. 库存现金

2017 年 6 月 30 日现金实有数：685.00 元。

4. 票证

空白现金支票：02415301—02415334，共 34 张；

空白转账支票：09016895—09016900，共 6 张；

工商银行分行预留印鉴卡（1 张）；

收款收据、支票簿各 1 本。

5. 印鉴

财务专用章、现金收讫章、现金付讫章、转讫章。

6. 公司钥匙

保险柜内、外共 4 把；桌屉 2 把；资料柜 4 把，共 10 把钥匙。

7. 其他

报税卡：1 张；

水卡：1 张（6—7—102）；

电卡：1 张（6—7—122X）。

双方出纳应该如何进行工作交接呢?

项目二 出纳必须会做什么

任务一 书写财务数字

瞄准靶心

能够按照财务数字书写规范填写票据。

军令如山

作为一名出纳，日常工作中经常要填写各种单据，能够正确、整齐地规范化书写，是财务工作的基本要求。2017 年 8 月 1 日，新疆彭洪有限公司采用转账方式支付一笔货款，由出纳张琳填写转账支票，如图 2－1－1 所示。

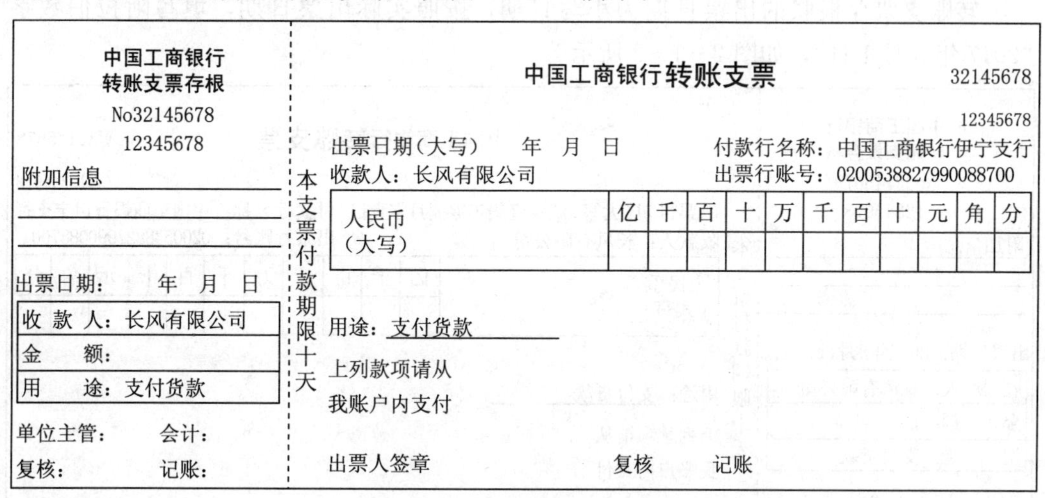

中国工商银行
转账支票存根
No32145678
12345678
附加信息

出票日期： 年 月 日
收 款 人：长风有限公司
金 额：
用 途：支付货款
单位主管： 会计：
复核： 记账：

本支票付款期限十天

中国工商银行转账支票 32145678

12345678

出票日期(大写) 年 月 日 付款行名称：中国工商银行伊宁支行
收款人：长风有限公司 出票行账号：0200538827990088700

人民币 (大写)	亿	千	百	十	万	千	百	十	元	角	分

用途：支付货款
上列款项请从
我账户内支付
出票人签章 复核 记账

图 2－1－1 转账支票（空白）

转账支票支付的货款为 102 005.00 元，其中部分信息已经填写完毕，请填写出票日期以及金额。

步骤一：填写出票日期

1. 出票日期（大写）

票据的出票日期使用大写填写的，必须按照中文大写数字书写规范填写。中文大写金额数字为零、壹、贰、叁、肆、伍、陆、柒、捌、玖、拾、佰、仟、万、亿、元、角、分、整（正）等，不得使用一、二、三、四、五、六、七、八、九、十、廿、毛、另（或O）填写。书写时，应使用汉字楷体或行楷，字迹工整、清晰，禁止使用连笔字。

年份应按阿拉伯数字对应的中文大写书写。

日、月按照中文大写书写时，应注意：

1—9 日或月前，应加零；

10—12 月前，应加壹，写为壹拾月、壹拾壹月、壹拾贰月；

10 日、20 日、30 日前，应加零；11—19 日前，应加壹。

该支票出票日期为 2017 年 8 月 1 日，使用中文大写填写时，其中“2017 年”应写成“贰零壹柒年”；“8 月 1 日”应写成“零捌月零壹日”。

2. 出票日期（小写）

转账支票存根联的出票日期为小写日期，按照实际出票日期，填写阿拉伯数字“2017 年 8 月 1 日”，如图 2-1-2 所示。

中国工商银行
转账支票存根
No32145678
12345678
附加信息

出票日期：2017年8月1日

收 款 人：长风有限公司
金　　额：
用　　途：支付货款

单位主管：　　会计：
复核：　　记账：

本支票付款期限十天

中国工商银行转账支票　32145678
12345678

出票日期（大写）贰零壹柒年零捌月零壹日　付款行名称：中国工商银行伊宁支行
收款人：长风有限公司　出票行账号：020053882799008870

人民币（大写）	亿	千	百	十	万	千	百	十	元	角	分

用途：支付货款
上列款项请从
我账户内支付

出票人签章　　复核　　记账

图 2-1-2　转账支票（日期）

步骤二：填写金额

1. 大写金额

（1）票据大写金额数字前未印有“人民币”字样的，应填“人民币”三字，并且与金额数字之间不得留有空格。

（2）按照中文大写金额数字及要求书写，且当大写金额数字到元或角为止的，应在元或角后写“整”或“正”字结尾；当大写金额数字到分为止的，分位不写“整”或“正”字。

（3）有关“0”的书写规范。

阿拉伯金额数字尾部为“0”时，大写金额数字用“整”字结尾；

阿拉伯金额数字之间有一个“0”时，大写金额数字要写“零”字；

阿拉伯金额数字中间有多个“0”时，大写金额数字可以只写一个“零”字；

阿拉伯金额数字元位为“0”角位不为“0”时，大写金额数字可以只写一个“零”字或不写“零”字。

该转账支票支付货款 102 005.00 元，按照人民币大写金额书写时，应紧挨“人民币（大写）”字样填写为“壹拾万贰仟零伍元整”，如图 2-1-3 所示。

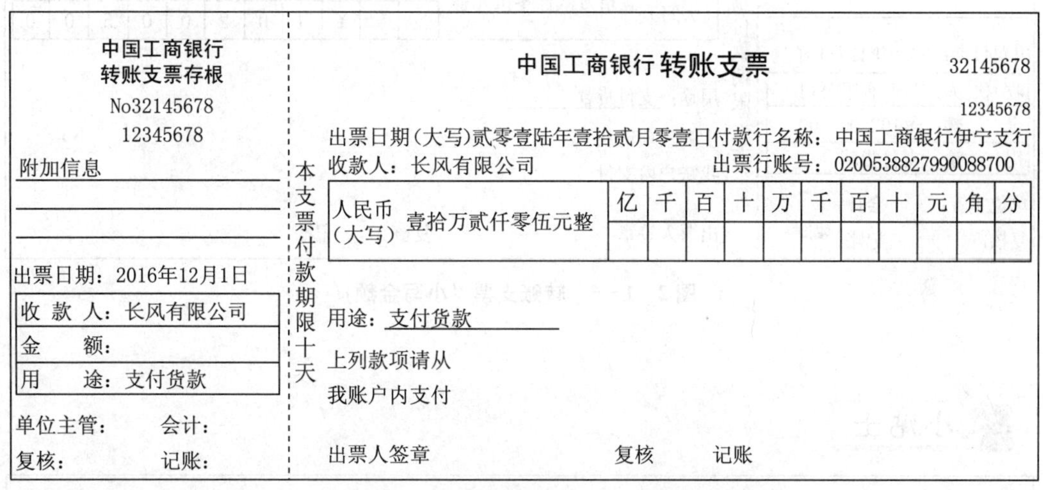

中国工商银行
转账支票存根
No32145678
12345678
附加信息
出票日期：2016年12月1日
收 款 人：长风有限公司
金　　额：
用　　途：支付货款
单位主管：　会计：
复核：　记账：

本支票付款期限十天

中国工商银行 转账支票　32145678
12345678
出票日期（大写）贰零壹陆年壹拾贰月零壹日 付款行名称：中国工商银行伊宁支行
收款人：长风有限公司　出票行账号：0200538827990088700

人民币（大写）	壹拾万贰仟零伍元整	亿	千	百	十	万	千	百	十	元	角	分

用途：支付货款
上列款项请从
我账户内支付
出票人签章　复核　记账

图 2-1-3　转账支票（大写金额）

2. 小写金额

（1）小写金额要求。正确填写支票的阿拉伯数字金额，在数字前使用“¥”符号封顶，阿拉伯数字不得连写。用以元为单位的阿拉伯数字，除表示单价外一律写到角分，有角无分的，分位写“0”，无角分的，角分位写“00”。

（2）手写规范。“1”字不能写的比其他数字短；“2”字左下角戴圈；“6”字起笔伸至上半格 1/4 处，下圈要明显；“7”“9”两字的落笔可伸到底线外，约占下格 1/4 位置；“8”字上圈略小于下圈；“0”字要闭合，连写的几个 0 不可写成连线，如图 2-1-4 所示。

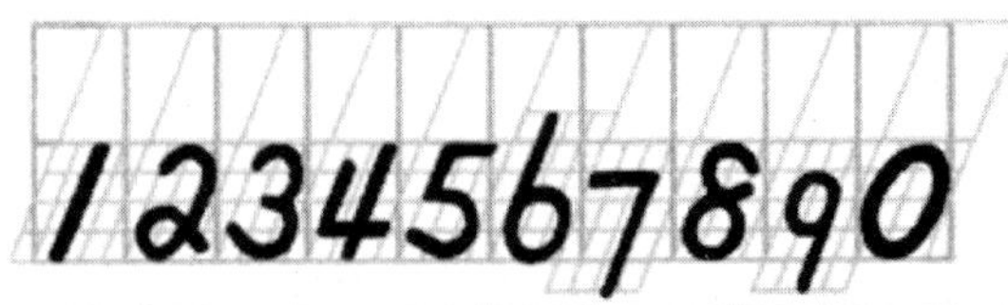

图 2－1－4　阿拉伯数字手写体字样

同时，应按 45 度到 60 度之间的斜度，紧靠横格底线逐个书写阿拉伯数字。其中，字体不超过行格的 1/2；数字一格一个，大小一致。

填写本张支票 102 005.00 元的小写金额“102 005.00”时，在横格内书写时应紧挨横格底线，字体不超过行格的 1/2，且一格填写一个数字，数字大小一致，并以人民币符号“¥”封顶；在存根联的横线上书写“¥102 005.00”时，也应紧挨横线底部，阿拉伯数字不得连写、字迹清晰，如图 2－1－5 所示。

中国工商银行
转账支票存根
No32145678
12345678

附加信息

出票日期：2016年12月1日

收 款 人：长风有限公司
金　　额：¥102 005.00
用　　途：支付货款

单位主管：　会计：
复核：　记账：

本支票付款期限十天

中国工商银行转账支票　　32145678
12345678

出票日期（大写）贰零壹陆年壹拾贰月零壹日付款行名称：中国工商银行伊宁支行
收款人：长风有限公司　　出票行账号：0200538827990088700

人民币（大写）	壹拾万贰仟零伍元整	亿	千	百	十	万	千	百	十	元	角	分
				¥	1	0	2	0	0	5	0	0

用途：支付货款
上列款项请从
我账户内支付

出票人签章　　复核　　记账

图 2－1－5　转账支票（小写金额）

注意：

1. 凡阿拉伯数字前有币种符号的，数字后不再写货币单位，且币种符号与金额数字之间不得留有空白；

2. 若在未印有数位线的纸上书写时，整数部分可按“三位一节”计数法，从个位起，由左向右，每隔三位，用分节号“,”或空格分开。

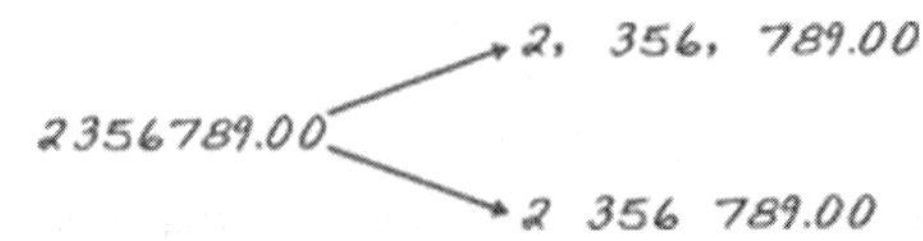

战术提升

2017 年 3 月 10 日，长风有限公司出纳需要填写一张银行进账单，部分内容已填写，如图 2-1-6 所示。请填写进账单日期及金额 100 550.00 元。

中国工商银行进账单（回单）　1　　　疆01615631

年　月　日

付款人	全　　称	星海股份有限公司	收款人	全　　称	新疆彭洪有限公司
	账　　号	6200538827990088880		账　　号	0200538827990088700
	开户银行	中国银行北关支行		开户银行	中国工商银行伊宁支行

金额	人民币（大写）		千	百	十	万	千	百	十	元	角	分

票据种类	转账支票	票据张数	1	
票据号码	37124009			
复核：　记账：				收款人开户银行盖章

此联是由开户银行交给持票人的回单

图 2-1-6　进账单

任务二　清点钞票

瞄准靶心

能够掌握点钞的方法，进行手工点钞。

军令如山

出纳经常要与现金打交道，准确而快速的清点钞票，是一名出纳的基本功。2017 年 6 月 1 日，新疆彭洪有限公司收到一笔 2 万元的现金，由出纳张琳采用手持式单指单张点钞法清点钞票，如图 2-2-1 所示。

图 2-2-1　点钞（样币示例）

手持式单指单张点钞法是一种使用较为频繁、广泛的点钞手法。这种方法适用于收款、付款和整点各种新旧大小钞票，由于持票时持票面小，能看到票面的 3/4，容易发现假钞票及残破票，缺点是点一张记一个数，比较费力。

步骤一：持钞

（1）左手横持钞票，掌心朝上，中指与无名指夹住钞票，左手拇指在钞票正面左端约 1/4 处沿钞票侧面向左用力下压翻转，将钞票压成瓦形或微开的扇形。

（2）左手持钞收回到胸前，双臂自然放松。

（3）右手拇指、食指放在钞票的右下角做点钞准备，如图 2-2-2 所示。

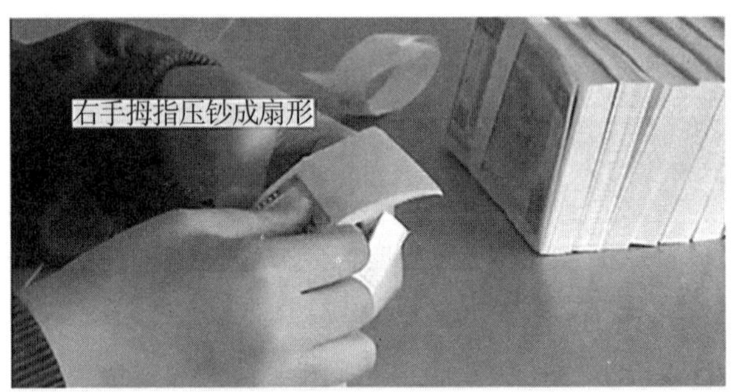

图 2-2-2　持钞（样币示例）

步骤二：清点

右手拇指捻动，捻钞从右上角开始，用右手拇指尖向下捻动钞票的右上角。当钞票迅速捻下时，拇指要随着点钞的进度迅速逐步向后移动，始终保持用指尖轻触钞票侧面。右手无名指弹拨，无名指将捻下来的钞票往身体方向弹，每捻下一张弹一次，在清点中拇指上的水用完可向海绵池中蘸一下继续清点，如图 2－2－3、图 2－2－4 所示。

要求：姿势正确、自然放松；注意手型——手指之间密切配合；手指与钞票接触面小；手指捻动幅度和运动距离小，频率快。

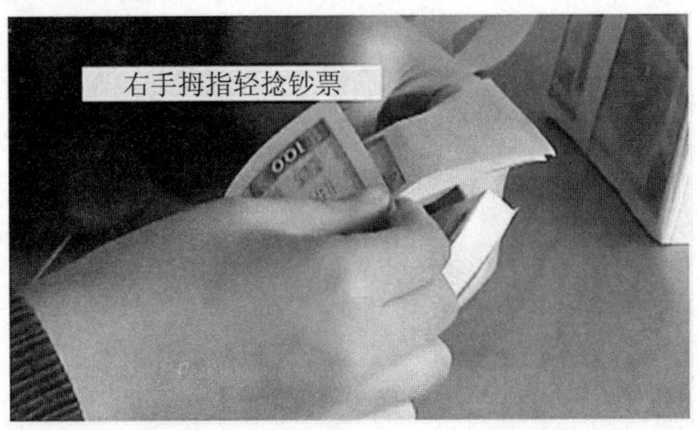

图 2－2－3　清点 1（样币示例）

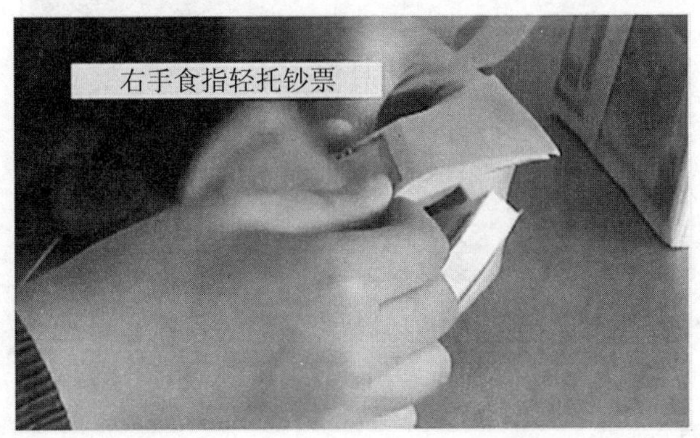

图 2－2－4　清点 2（样币示例）

步骤三：计数

清点钞票的同时计数，这是点钞的最关键环节，一般采用“逢十进一计数”法。1、2、3、4、5、6、7、8、9、1（这里的 1 即为 10）；1、2、3、4、5、6、7、8、9、2 直到 1、2、3、4、5、6、7、8、9、10，为 100 张。

要求：一要精神集中；二要坚持定型操作，坚持复核；三要双手配合，眼睛看钞，脑子计数，手、眼、脑三位一体，有机结合。练习时必须边清点边默记数，否则会造成清点与记数频率不吻合，点不准确。

步骤四：扎把

将扎钞条的一端放在钞票的背面中心，用左手捏住，右手将扎钞条由上往下绕两圈至正面上面；反折 45 度塞入钞条内；回转一圈扎牢钞票，如图 2-2-5、图 2-2-6 所示。

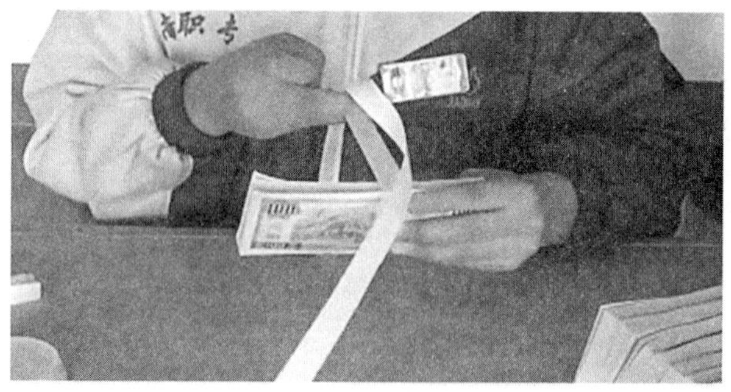

图 2-2-5　扎把 1（样币示例）

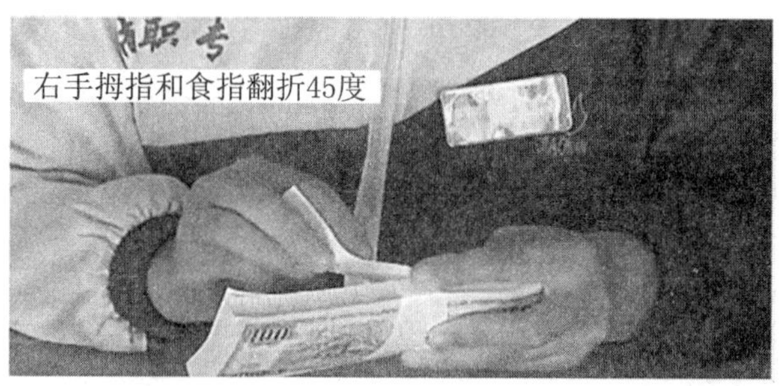

图 2-2-6　扎把 2（样币示例）

步骤五：盖章

盖章是点钞过程中的最后一环。左手夹住全部抄把，右手拿起名章，在扎钞条侧面上依次按章，按章印迹应清晰可辨认，如图 2-2-7 所示。

图 2-2-7　盖章（样币示例）

战术提升

请课后练习，采用手持式单指单账点钞法清点钞票。

任务三 识别人民币真假

瞄准靶心

能够识别百元人民币的真伪。

军令如山

作为一名出纳，经常要和钱打交道，对于收到的每一笔现金都应仔细检验其真伪，以防收到假币，给自己和企业带来损失。2017 年 6 月 1 日，新疆彭洪有限公司出纳张琳收到一张 100 元现金，如图 2-3-1 所示，应该如何识别这张百元钞的真假呢？

图 2-3-1 100 元现金（样币示例）

横扫千军

鉴定人民币真伪的流程，如图 2-3-2 所示。

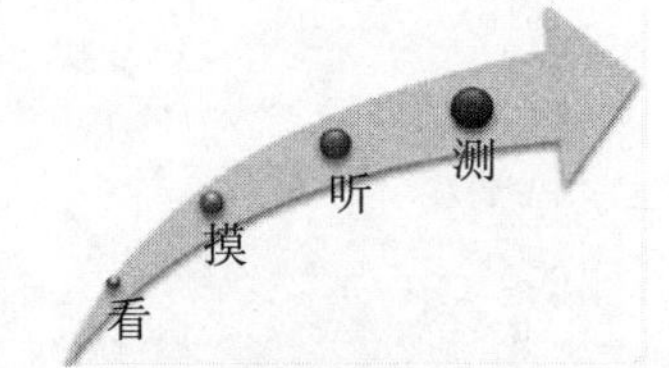

图 2-3-2 鉴定人民币真伪的流程

2005 版与 2015 版百元人民币的防伪特征：

(1) 2005 版百元人民币的防伪特征，如图 2-3-3 所示。

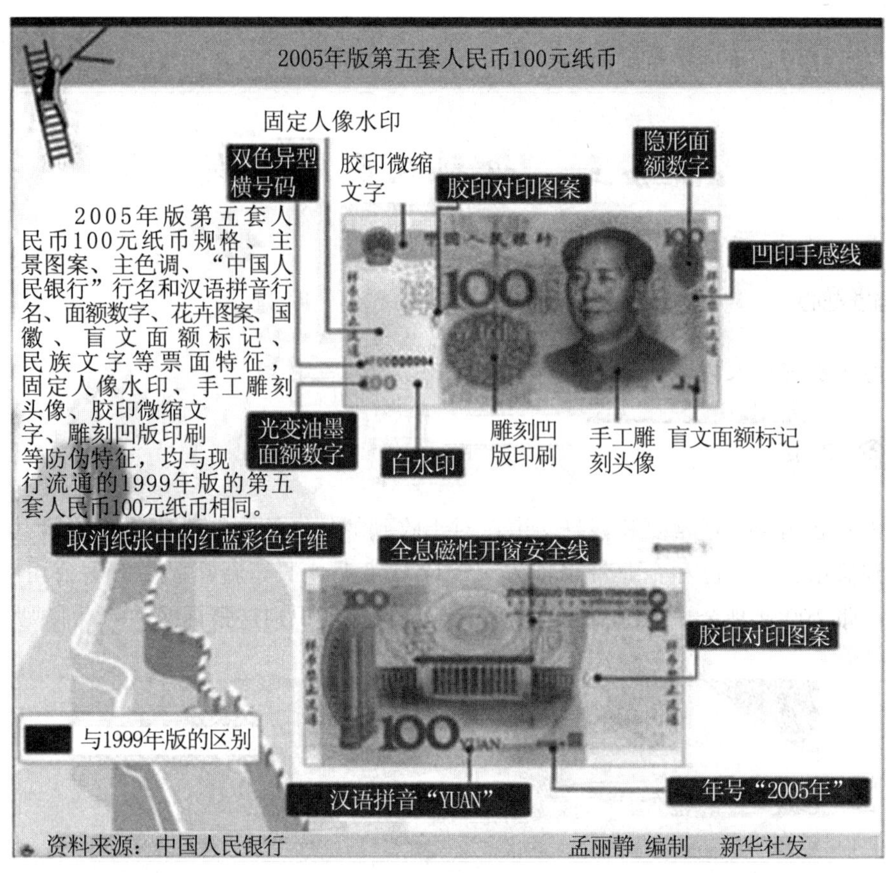

图 2-3-3　2005 版百元人民币的防伪特征（样币示例）

（2）2015 版百元人民币的防伪特征，如图 2-3-4 所示。

图 2-3-4　2015 版百元人民币的防伪特征（样币示例）

步骤一：看

（1）看水印。将人民币迎光照看，票面正面左侧空白处可见毛泽东头像水印，同时看水印是否清晰，颜色和大小是否正常，如图 2-3-5 所示。

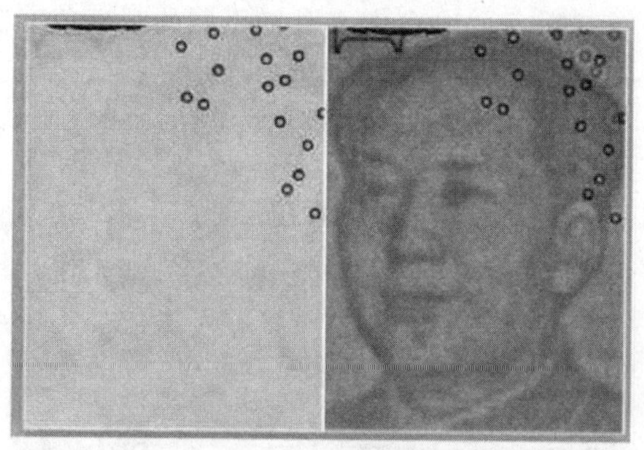

图 2-3-5　水印（样币示例）

假币水印一般为浅色油墨印盖在纸币正面或背面，无立体感，由多线条组成，水印通常过于清晰或模糊；还有一种假币水印是将币纸揭层后，在夹层中涂上白色糊状物，再在上面压盖上水银印模。

（2）看安全线。看安全线迎光是否清晰可见，2015 版人民币为光变镂空开窗安全线，如图 2-3-6 所示。这条宽 4 毫米的安全线位于钞票正面右侧，相当显眼，当观察角度由直视变为斜视时，安全线颜色由品红色变为绿色；透光观察时，可见安全线中正反交替排列的镂空文字“¥100”。

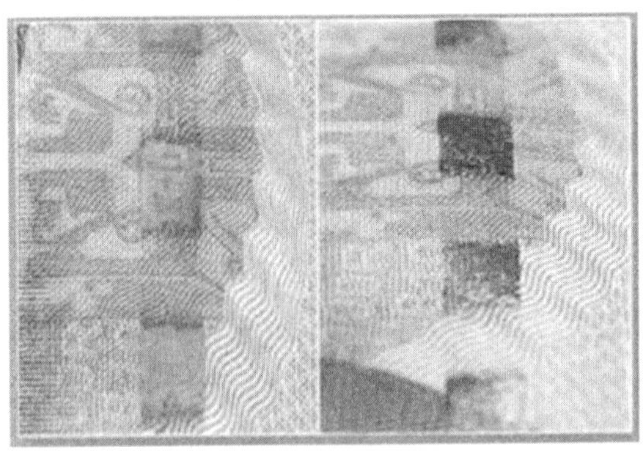

图 2-3-6 安全线（样币示例）

假币的安全线用显色油墨印成，模糊不清，或是用手工夹入一条银色的塑料线，容易在纸币边缘发现未经剪齐的银白色线头。

(3) 看钞面图案色彩是否鲜明、线条是否清晰、对接线是否对接完好，无留白或空隙。

(4) 2015 版百元钞票。2015 版百元钞票除了要看以上几点外，还可看光彩光变数字、胶印对印图案、横竖双号码以及白水印。

①看光彩光变数字。钞票正面中部位置，印有光彩光变数字“100”。以垂直和平视角度看票面时，票面数字颜色有所不同，垂直看数字“100”呈现金色，而平视看数字“100”时则呈现绿色。数字“100”颜色伴随不同的观察角度在金色和绿色之间交替变化，同时可见到一条亮光带在数字上下滚动，如图 2-3-7 所示。

图 2-3-7 光彩光变数字（样币示例）

②看胶印对印图案。钞票正面左下方和背面右下方都印有数字“100”的局部图案，如图 2-3-8 所示。通过透光观察，正面与背面图案拼接即可组成一个完整的数字“100”。

图 2-3-8　胶印对印图案（样币示例）

③看横竖双号码。钞票正面左下方为横号码，其冠字和前两位数字为暗红色，后六位数字为黑色；而紧挨横号码右侧为竖号码，其冠字和其他数字都为蓝色，如图 2-3-9 所示。

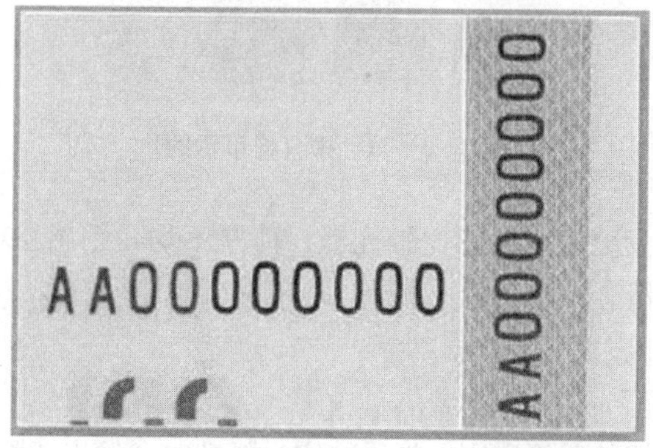

图 2-3-9　横竖双号码（样币示例）

④看白水印。在钞票正面横号码下方，透光可以观察到透光性很强的水印面额数字“100”，如图 2-3-10 所示。

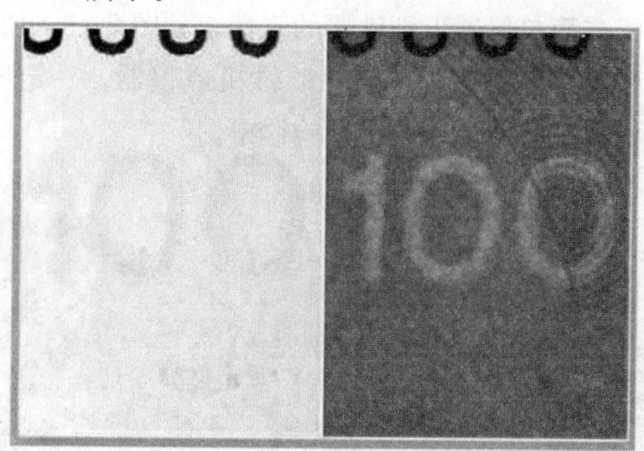

图 2-3-10　白水印（样币示例）

步骤二：摸

用手触摸真人民币的钞票正面毛泽东头像、国徽、“中国人民银行”行名、右上角面额数字、盲文及背面人民大会堂等时，由于2015版人民币的这些部分均采用雕刻凹印印刷，触摸时会有明显的凹凸感，如图2－3－11所示。

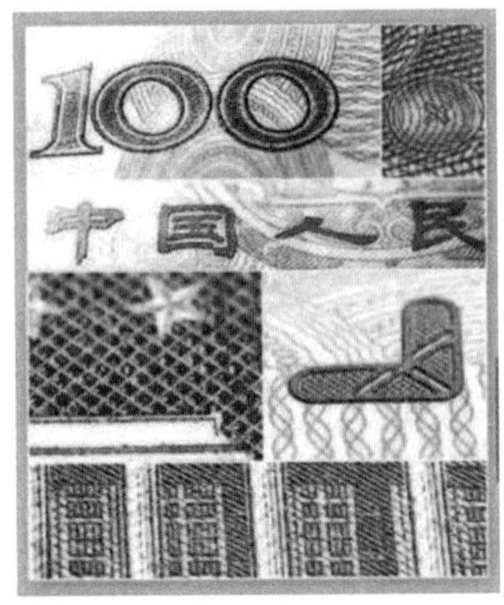

图2－3－11　摸（样币示例）

假币抚摸头像头发处时，触感比较光滑；薄厚不均，手感粗糙，当人民币表面涂有蜡状物时，手摸打滑。

步骤三：听

真人民币纸张采用特制纸印刷，纸质结实，抖动时会发出清脆声响。

假币一般纸张发软且薄，抖动时声音发闷或者声音异常清脆。

步骤四：测

利用专业的验钞机或简单仪器识别钞票的真伪，如图2－3－12、图2－3－13所示，对鉴别钞票起到辅助作用，但切忌过分依赖验钞机或仪器，一定要自己掌握检验钞票的基本方法，再结合机器，使用多种方法检验钞票。

图2－3－12　验钞机（样币示例）

图2－3－13　荧光灯（样币示例）

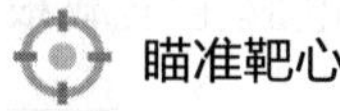

战术提升

请按照以上检验钞票的方法，自己练习检验 2015 版百元钞票的真伪。

任务四　查验发票真伪

瞄准靶心

能够在税务系统查询发票真伪。

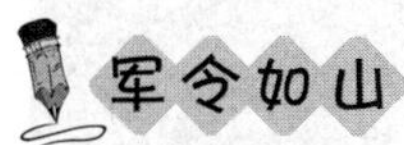

军令如山

2017 年 3 月 12 日，新疆彭洪有限公司出纳张琳收到了一张用来报销的发票，如图 2-4-1 所示。张琳必须检验这张发票的真伪，因为只有符合规定的发票，才可作为财务报销凭证。

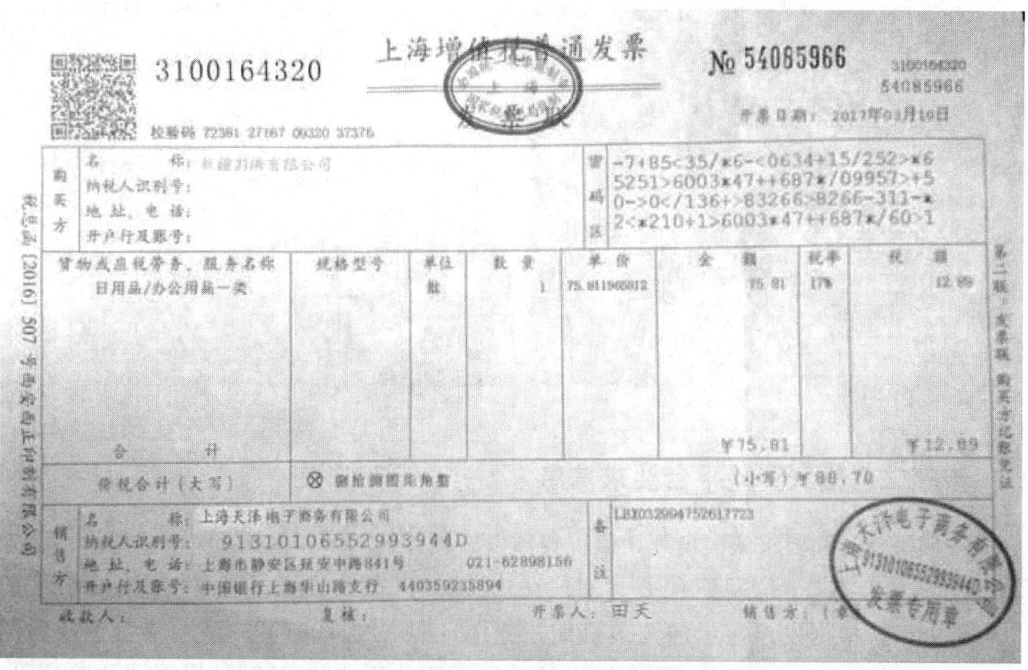

3100164320　上海增值税普通发票　№ 54085966

3100164320
54085966

校验码 72381 27167 09320 37376

开票日期：2017年03月10日

购买方　名　　称：新疆彭洪有限公司
纳税人识别号：
地 址、电 话：
开户行及账号：

密码区
-7+85<35/*6-<0634+15/252>*6
5251>6003*47++687*/09957>+5
0->0</136+>83266>8266-311-*
2<*210+1>6003*47++687*/60>1

货物或应税劳务、服务名称	规格型号	单位	数量	单价	金额	税率	税额
日用品/办公用品一类		批	1	75.811965812	75.81	17%	12.89
合　　计					￥75.81		￥12.89

价税合计（大写）　⊗ 捌拾捌圆柒角整　（小写）￥88.70

销售方　名　　称：上海天泽电子商务有限公司
纳税人识别号：91310106552993944D
地 址、电 话：上海市静安区延安中路841号　021-62898156
开户行及账号：中国银行上海华山路支行　440359235894

备注　LBX032994752617723

收款人：　复核：　开票人：田天　销售方：（章）

第二联：发票联　购买方记账凭证

图 2-4-1　发票

步骤一：登录“国家税务总局全国增值税发票查验平台”

检验发票真伪最直接最靠谱的方法，就是登录“国家税务总局全国增值税发票查验平台”进行查验，可通过登录网站地址“https：//inv - veri. chinatax. gov. cn/”进入查验平台界面，如图 2 - 4 - 2 所示。首次进行查验前，需在使用的电脑上下载根证书。

国家税务总局全国增值税发票查验平台

支持增值税专用发票、增值税普通发票（含电子普通发票、卷式发票）、机动车销售统一发票、货物运输业增值税专用发票在线查验。

首页　发票常识　常见问题　操作说明

发票查验说明

查验结果说明

发票真伪识别方法

*发票代码：　发票代码有误！

*发票号码：　请输入发票号码

*开票日期：YYYYMMDD　请输入开票日期

*开具金额(不含税)：　请输入开具金额

*验证码：请输入验证码

点击获取验证码　点击图片刷新

1、首次查验前请点此安装根证书。
2、当日开具发票最快可于次日进行查验。
3、每份发票每天最多可查验5次。
4、可查验最近1年内增值税发票管理新系统开具的发票。

查验　重置

图 2 - 4 - 2　登录查验平台

步骤二：输入查验平台要求信息

按照平台界面要求依次填列增值税普通发票相关的内容，如图 2 - 4 - 3 所示。首先输入发票左上端 10 位发票代码“3100164320”；再输入发票右上端 8 位发票号码“54085966”；根据发票显示的开票日期，选择日期“20170310”；该发票蓝色校验码“72381 27167 09320 37376”，平台输入校验码后 6 位为“037376”；根据图片验证码，按照提示要求输入相应文字，即这里输入蓝色文字“是的”。

图 2-4-3 输入查验平台信息

根据纳税人查验的票种，其输入的校验项目有所差别。增值税专用发票输入发票代码、发票号码、开票日期和开具金额（不含税）；机动车销售统一发票输入发票代码、发票号码、开票日期和不含税价；增值税普通发票、增值税电子普通发票、增值税普通发票（卷票）输入发票代码、发票号码、开票日期和校验码后 6 位；货物运输业增值税专用发票输入发票代码、发票号码、开票日期和合计金额。

步骤三：进入发票查验明细

点击“查验”按钮，进入发票查验明细界面，如图 2-4-4 所示。将该发票信息与开具的发票信息进行核对，若核对信息一致，则该发票真实无误。

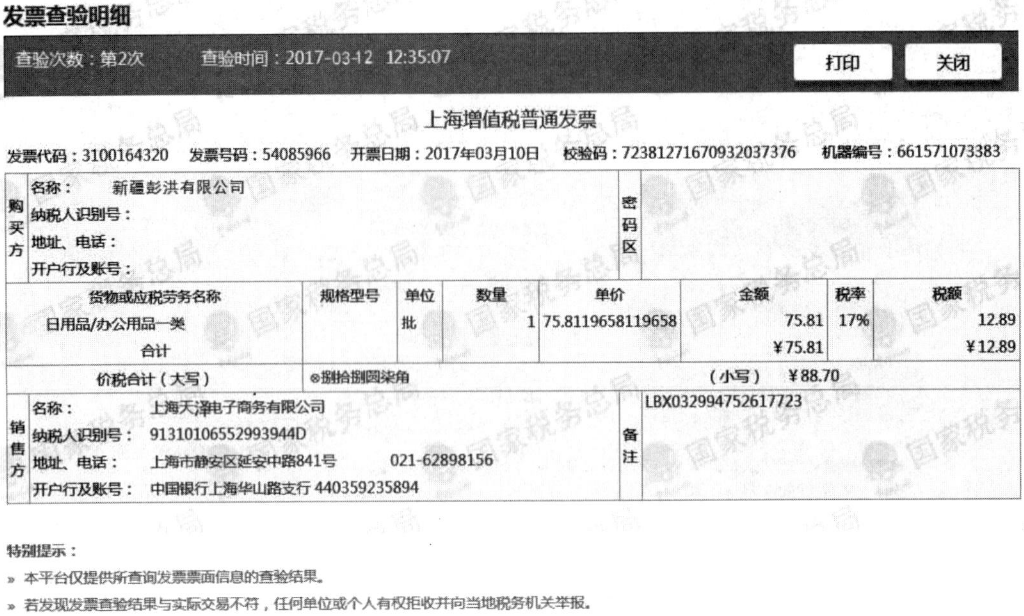

发票查验明细

查验次数：第2次　查验时间：2017-03-12 12:35:07　打印　关闭

上海增值税普通发票

发票代码：3100164320　发票号码：54085966　开票日期：2017年03月10日　校验码：72381271670932037376　机器编号：661571073383

购买方	名称：新疆彭洪有限公司 纳税人识别号： 地址、电话： 开户行及账号：					密码区		
货物或应税劳务名称		规格型号	单位	数量	单价	金额	税率	税额
日用品/办公用品一类			批	1	75.8119658119658	75.81	17%	12.89
合计						¥75.81		¥12.89
价税合计（大写）		⊗捌拾捌圆柒角				（小写）¥88.70		
销售方	名称：上海天泽电子商务有限公司 纳税人识别号：91310106552993944D 地址、电话：上海市静安区延安中路841号 021-62898156 开户行及账号：中国银行上海华山路支行 440359235894					备注	LBX032994752617723	

特别提示：

» 本平台仅提供所查询发票票面信息的查验结果。

» 若发现发票查验结果与实际交易不符，任何单位或个人有权拒收并向当地税务机关举报。

图 2-4-4　发票查验明细

系统显示查验结果：

表 2-4-1　查验结果

发票状态	结果说明
正常	输入的校验信息与税务机关电子信息完全一致，且发票处于正常状态
作废	输入的校验信息与税务机关电子信息完全一致，但发票已被开具方做作废处理，不可作为财务报销凭证
不一致	输入的校验信息与税务机关电子信息至少有一处不同，如确认输入的查验项目与票面一致，需与开票方或其主管税务机关核实
查无此票	由于存在开具方离线自开票、发票电子数据的同步滞后（通常至少 1 天）、查验人录入错误等问题，导致相关发票在税务机关的电子信息中无法检索到。如果确认输入项无误后，请于第二天再行查验
验证码失败	验证码过期或失效，重新点击获取验证码后再查验
验证码答案输入错误	改正输入项目后重新查验或获取新的验证码校验
验证码请求失败	输入发票代码有误、查询发票为系统尚未开通地区开具、开票方主管税务机关的发票查验系统存在故障
查验失败	查询请求为非法、请求处理超时、超过系统单日查验次数（5 次）、查验请求提交过于频繁等

增值税发票防伪鉴别方法

1. 增值税普通发票

国家税务总局发布的《关于调整增值税普通发票防伪措施有关事项的公告》中指出，自 2016 年第四季度起增值税普通发票各联次左上方的发票代码及右上方的字符“№”使用灰变红防伪油墨印制。使用白纸摩擦票面的发票代码和字符“№”区域，在白纸表面以及摩擦区域均会产生红色擦痕。

除了这个新招，还可以通过观察五个地方来鉴别真伪。

(1) 专用防伪无碳复写纸

发票记账联、发票联纸张均为专用的防伪无碳复写纸，正常情况下为白色，用日常生活中的简易加热器（如吹风筒、直发器、电熨斗等）靠近票背面，加热至 130 度左右，会由白色变为粉红色，颜色不可逆。或将发票记账联、发票联放于硬的平面上，用手指甲等光滑硬物在纸张背面用力快速划过，会显现淡蓝色的线条防伪特征。

(2) 防伪荧光纤维

自然光下发票纸张与普通纸张基本相同，若将其放置在验钞机或其他 365nm 紫外光光源下，可看到许多根弯曲状防伪荧光纤维；使用紫外光光源交替照射发票正、反面时，可看到同一根纤维呈现出黄、蓝两种荧光颜色交替变化的效果。

(3) 监制章

用 960nm 专用红外激光笔照射监制章图案，会出现红色亮点。

(4) 发票专用号码

采用专业定制的 8 位异形字体，长约 22.0㎜，高约 5.0㎜，颜色为深蓝色，位于票面右上角字符“№”后。可采用样品对比的方法，使用刻度尺测量长和高来鉴别。

(5) 微缩文字

监制章内圈及票面表格上方的中间位置有双杠线，其颜色与发票联次颜色相同。双杠线里有微缩内容：上条线微缩内容是地区加“增值税普通发票”的汉语拼音首字母按特定规律组合而成，下条线缩微内容是“国家税务总局监制”的汉语拼音首字母组合。监制章内圈缩微内容同样是“国家税务总局监制”的汉语拼音首位字母组合，颜色与监制章相同。使用 10 倍以上放大镜观察，可清晰地看到缩微内容。

2. 增值税专用发票

对于增值税专用发票，可以通过观察五个地方来鉴别真伪。

(1) 专用异型号码

发票右上方的发票号码为专用异型号码，字体为专用异型变化字体，直接用眼观察即可鉴别真伪。

(2) 防伪油墨颜色

发票左上方的发票代码使用防伪油墨印制，可以使用发票纸张上的空白区域摩擦发票代码区域，在该空白区域和发票代码的摩擦区域均会产生红色擦痕。

(3) 圆环状防伪纤维

在发票专用纸张中随机分布着防伪纤维，呈圆环状，在自然光下用眼观察，它与普通纸张基本相同，使用标准365nm紫外光源以小于45度的角度照射环形纤维，靠近光源的半圆环呈现红色，远离光源的半圆环呈现黄绿色。

(4) 造纸防伪线

在发票专用纸张中含有造纸防伪线，在日光下对光，用眼直接观察，防伪线呈现黑色线状水印，使用标准365nm紫外光源垂直照射，防伪线会呈现红蓝荧光点形成的条状荧光带。

(5) 复合信息防伪

发票的票面具有复合信息防伪特征，可以使用“复合防伪特征检验仪”检测，对通过检测的发票，检验仪会自动发出验证通过的语音提示。

战术提升

请按照以上方法，自己练习检验一张发票的真伪。

任务五　审核原始凭证

瞄准靶心

能够判断单据是否为原始凭证；

能够审核原始凭证的合法性、完整性和真实性。

军令如山

新疆彭洪有限公司为一般纳税人，2017年2月18日，向万友有限公司购买100件B产品，B产品适用的增值税税率为17%，价税合计为35100元。出纳张琳收到了该笔业务的增值税专用发票，如图2-5-1所示。请判断该发票是否为原始凭证，若是，是否满足原始凭证的合法性、完整性和真实性。

4100993170 **新疆增值税专用发票** No.00085964

全国统一发票监制章 新疆 国家税务局监制

发 票 联

开票日期：2017年02月15日

国税函〔2017〕579号北京印钞有限公司

购货单位	名 称：新疆彭洪有限公司 纳税人识别号：486002726700686 地 址、电 话：新疆省伊犁伊宁5号院1631室 0999-83512376 开户行及账号：中国工商银行伊宁支行 0200538827990088700				密码区	-786<35/*634+15>252>*6 5251>6003*47++687*/09957>+5 0->0</136+>83266>8266-311-* 2<*210+1>6003*47++687*/60>1	
货物或应税劳务名称	规格型号	单位	数量	单价	金额	税率	税额
B产品		件	100	300	30 000.00	17%	51 00.00
合计					¥30 000.00		¥5 100.00
价税合计（大写）	⊗叁万伍仟壹佰元整				（小写）¥35 100.00		
销货单位	名 称：万有有限公司 纳税人识别号：486002726755555 地 址、电 话：新疆市经济技术开发区平宁路128号 0999-65688711 开户行及账号：中国工商银行平宁分行 0200538827990088711				备注	万友有限公司 486002726755555 发票专用章	

第三联：发票联 购货方记账凭证

收款人：李达 复核：张凌 开票人：刘欢 销货单位：（章）

图 2-5-1 增值税专用发票

企业信息

销货方（收款人）——万友有限公司

法人代表：万友

纳税人识别号：486002726755555

地址：新疆市经济技术开发区平宁路 128 号

电话：0999-65688711

开户行及账号：中国工商银行平宁分行 0200538827990088711

购货方（付款人）——新疆彭洪有限公司

法人代表：彭洪

纳税人识别号：486002726700686

地址：新疆省伊犁伊宁 5 号院 1631 室

电话：0999-83512376

开户行及账号：中国工商银行伊宁支行 0200538827990088700

步骤一：判断是否为原始凭证

“会计做账的凭据”就是指会计凭证中的原始凭证，会计需要根据审核无误的原始凭证进行记账，而出纳审核是财务部门的重要环节，一定要对进出的凭证把好复核关。根据原始凭证的定义，我们可以判断案例中增值税专用发票能够证明经济业务的发生情况，为原始凭证。

原始凭证是用来记录经济业务发生或完成情况，并明确经济责任，进行会计核算工作的原始资料。如对某项经济业务执行、完成后填制的出库单、入库单、费用分配表，能够证明经济业务已经完成，作为原始凭证。凡是不能证明经济业务发生或完成情况的各项单据，如购货申请单、购销合同、银行对账单等，不能称为原始凭证。

步骤二：审核原始凭证的合法性

所谓合法性审核，就是要审核凭证内容是否按会计法规、企业准则和计划预算办事以及凭证本身是否具有“合法性”。

这是一张国家要求统一使用的发票，属于外来原始凭证，由于购货方记账时使用发票的发票联，审核时应注意它是否是“报销”一联，即是否为发票联，但若是销货方记账则应以记账联为据。同时，还应检验发票的真伪以及是否盖有税务局发票监制章。

其次，应注意凭证所列的经济业务是否符合企业自身的开支范围、开支标准。这张凭证中购货单位新疆彭洪有限公司是增值税一般纳税人，所以业务人员取得的增值税发票就是增值税专用发票，而非增值税普通发票，所以这张发票满足“合法性”。

实际工作中，属于违法的原始凭证有以下几种情况：

1. 超过时间限定的原始凭证，如假发票、假车票等；
2. 原始凭证印制版面粗糙，印章不规范；
3. 企业制度规定不允许报销的真实凭证，或可以报销但超过报销比例和限额的。

步骤三：审核原始凭证的完整性

所谓完整性审核，就是审核原始凭证应具备的要素是否完整、手续是否齐全，其中必备的要素是否都填写齐全。比如名称、商品规格、计量单位、数量、单价、金额和填制日期等要素是否完整；凭证中应有的印章、签名是否齐全，审批手续是否健全。

审核增值税发票时，注意其开票日期、购货单位信息、销售单位信息以及货物或应税劳务的规格、单位、数量、单价、金额、税额信息，与经办人员签名、发票专用章等要素是否齐全、内容是否都填写完整。这张增值税专用发票，各项要素均已填写，满足“完整性”。

步骤四：审核原始凭证的真实性

所谓真实性审核，即审核原始凭证中所列的经济业务事项是否真实，有无弄虚作假、颠倒事实的情况。主要包括四个方面，第一，经济业务双方当事单位和当事人必须是真实的；第二，经济业务发生的时间、地点、填制凭证的日期必须是真实的；第三，经济业务的内容必须是真实的；第四，经济业务的“量”必须是真实的。

审核发票时，按照审核的真实性要求逐一对各个内容进行审核：

(1) 审核发票开具日期：原始凭证开具日期应为经济业务发生的真实日期。该发票上的开具日期为“2017 年 2 月 18 日”，与经济业务实际发生时间一致。

(2) 审核购货单位、销货单位信息是否正确。购货单位为本公司“新疆彭洪有限公司”，经核对，其名称、纳税人识别号、地址、电话以及开户行名称与账号信息与本公司信息一致、准确无误。

取得的发票上的销货单位为“万有有限公司”，经与购货单位提供的信息核对，其纳税人识别号、地址、电话以及开户行名称与账号信息一致、准确无误，但其实际单位名称为“万友有限公司”，故名称有误，不符合增值税发票填列要求。

(3) 审核经济业务内容。审核发票的经济业务内容时，通常以合同为基础进行核对，核对经济业务与合同约定的商品名称、规格、数量、金额是否一致。该发票上记载购买 B 产品，数量 100 件、单价 300 元，金额 30 000 元，税额 5 100 元，价税合计 35 100 元，经核对，与真实业务内容一致，且合计栏大写金额书写无误。同时，票面无记载印迹不清、票面内容跨线填列等现象。

(4) 审核手续是否完备。销货方开具的增值税专用发票抵扣联、发票联必须盖有销货方发票专用章，记账联不做要求。该发票中，开票人签名以及发票专用章盖章齐全清晰，且盖章单位为销货方“万友有限公司”，即开具发票单位的名称与所盖的发票专用章相符。

经过上述四项内容的审核，该发票因销货单位名称不一致而不满足“真实性”。

审核真实性的注意事项

1. 审核购销单位信息时，购销单位的名称应使用全称。若增值税发票公司名称有误，会影响购货方增值税专用发票的认证。实际生活中，这类错误经常遇到，如购货方为“新疆彭洪有限公司”简写为“彭洪有限公司”。

2. 审核经济业务内容时，除审核凭证所反映的内容与实际发生的经济业务事项情况是否相符外，还应审核记载内容是否清晰，有无掩盖事情真相、模仿领导笔迹签字冒领的现象；数字、文字有无伪造、涂改、重复使用；各联之间数字有无不符等情况。

3. 审核手续是否完备时，应审核经手人、验收人所执行的手续是否完备，经办人员签名是否齐全、盖章是否清晰，相关领导人是否审批等。

这张增值税专用发票虽是原始凭证，但其不满足“真实性”，故不能作为公司做账的凭证。此时，作为购货方，应将该发票退回销货方，并要求对方重新开具。若为销货方，应向购货方追回错误发票，开具增值税红字专用发票进行处理，并重新为购货方开具符合要求的增值税专用发票。

战术提升

2017 年 6 月 27 日，长风有限公司行政部员工严妍出差返回，向财务部门递交填写的差旅费报销单如图 2－5－2 所示，提交的相关业务单据如图 2－5－3、图 2－5－4、图 2－5－5 所示，已知该名员工在出差期间产生机票费 840 元，餐饮费 273 元，市内交通费 150 元。请根据实际业务内容判断严妍是否能够成功报销？

差旅费报销单

填报日期：2017年6月26日　　　　　　　　　　　　　　　　　　　　附单据5张

部门		行政部						出差事由	北京出差				
出差人		严妍		职务		职员							
出发				到达				交通工具	车船机费	目的地发生费用			
月	日	时	地点	月	日	时	地点			天数	餐饮费	市内交通费	差旅费
6	25	20:30	乌市	6	25	11:50	北京	飞机	420.00	2	273.00	150.00	—
6	27	09:00	北京	6	27	12:30	乌市	飞机	420.00				
小计									840.00		273.00	150.00	—
报销金额（大写）			人民币壹仟贰佰陆拾叁元整						小写	¥1 263.00			

领款人签字：严妍　　财务审核：　　财务部经理：　　总经理：

部门负责人：张琦　　分管领导：王洪　　主管财务副总：　　出纳付讫：

图 2-5-2　差旅费报销单

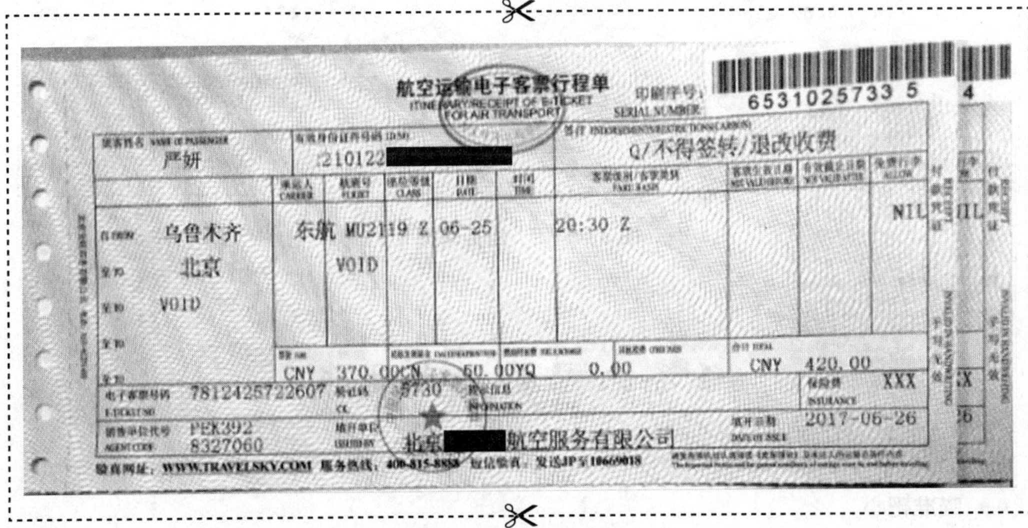

航空运输电子客票行程单

ITINERARY/RECEIPT OF E-TICKET FOR AIR TRANSPORT

印刷序号：6531025733 5

SERIAL NUMBER

旅客姓名：严妍　　有效身份证件号码：210122[redacted]

签注：Q/不得签转/退改收费

		承运人	航班号	座位等级	日期	时间	客票级别/客票类别	客票生效日期	有效截止日期	免费行李
自 FROM	乌鲁木齐	东航	MU2119	Z	06-25	20:30	Z			NIL
至 TO	北京	VOID								
至 TO	VOID									

票价 CNY 370.00　民航发展基金 CN 50.00　燃油附加费 YQ 0.00　合计 CNY 420.00

电子客票号码：7812425722607　验证码：5730　保险费：XXX

销售单位代号：PEK392 8327060　填开单位：北京[redacted]航空服务有限公司　填开日期：2017-06-26

验真网址：WWW.TRAVELSKY.COM　服务热线：400-815-8888　短信验真：发送JP至10669018

图 2-5-3　业务单据 1

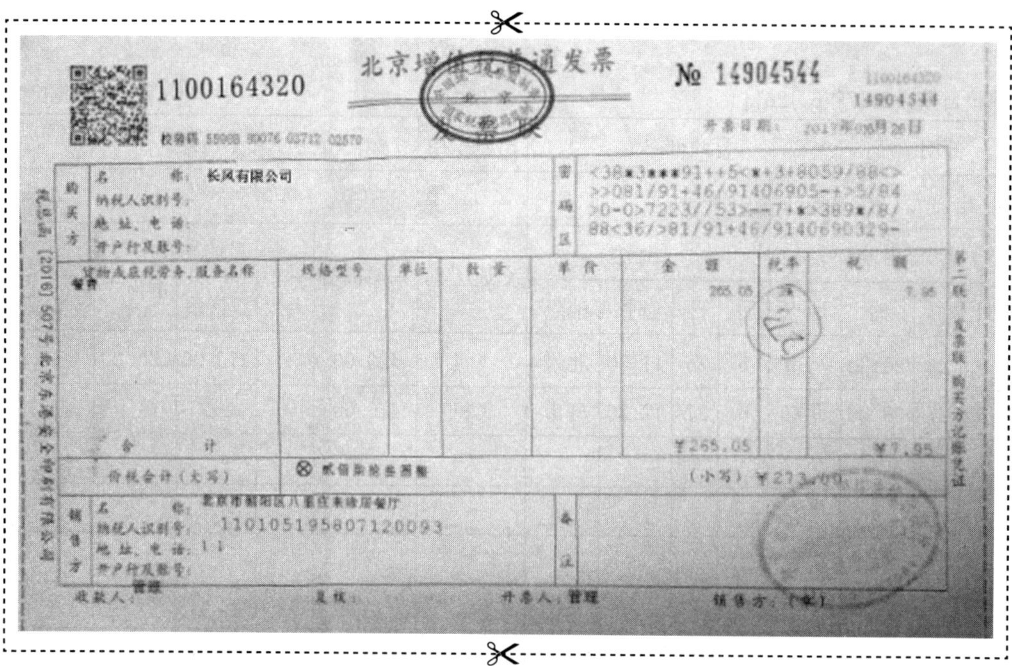

北京增值税普通发票

1100164320　　№ 14904544

1100164320
14904544

开票日期：2017年08月26日

购买方	名称：长风有限公司 纳税人识别号： 地址、电话： 开户行及账号：	密码区	<38*3***91++5<*+3+8059/88<> >>081/91+46/91406905-+>5/84 >0-0>7223//53>--7+*>389*/8/ 88<36/>81/91+46/9140690329-

货物或应税劳务、服务名称	规格型号	单位	数量	单价	金额	税率	税额
餐费					265.05	3%	7.95
合计					¥265.05		¥7.95
价税合计（大写）	⊗贰佰柒拾叁圆整				（小写）¥273.00		

销售方	名称：北京市朝阳区八里庄来临居餐厅 纳税人识别号：110105195807120093 地址、电话： 开户行及账号：	备注	

收款人：管理　复核：　开票人：管理　销售方：（章）

第二联 发票联 购买方记账凭证

图 2－5－4　业务单据 2

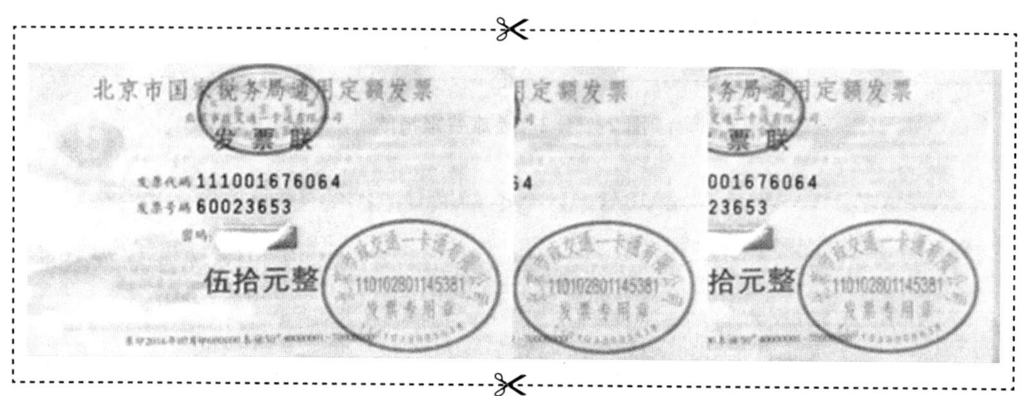

北京市国家税务局通用定额发票

发票联

发票代码 111001676064

发票号码 60023653

伍拾元整

110102801145381 发票专用章

图 2－5－5　业务单据 3

任务六　登记出纳账

瞄准靶心

能够登记库存现金日记账；

能够登记银行存款日记账。

新疆彭洪有限公司为一般纳税人，2017 年 2 月 18 日，发生了若干笔经济业务，经济业务内容与相关记账凭证如下：

（1）从银行提取现金 1 000 元，用作备用金，编制第 15 号记账凭证，如图 2－6－1 所示。

记 账 凭 证

2017年2月18日　　记字15号

摘　　要	一级科目	二级或明细科目	√	借方金额	贷方金额
提取备用金	库存现金			1 000.00	
提取备用金	银行存款				1 000.00
合　　计				¥1 000.00	¥1 000.00

附件1张

会计主管：　记账：　审核：　出纳：张琳　制单：李蕾

图 2－6－1　第 15 号记账凭证

（2）购买办公用品，支付现金 700 元，编制第 16 号记账凭证，如图 2－6－2 所示。

记 账 凭 证

2017年2月18日　　记字16号

摘　　要	一级科目	二级或明细科目	√	借方金额	贷方金额
购买办公用品	管理费用	办公费		700.00	
购买办公用品	库存现金				700.00
合　　计				¥700.00	¥700.00

附件1张

会计主管：　记账：　审核：　出纳：张琳　制单：李蕾

图 2－6－2　第 16 号记账凭证

（3）收到长风公司前欠货款 2 000 元，编制第 18 号记账凭证，如图 2－6－3 所示。

记 账 凭 证

2017年2月18日　　　　　　　　　　　　　　　　记字18号

摘　　要	一级科目	二级或明细科目	√	借方金额	贷方金额
收到货款	银行存款			2 000.00	
收到货款	应收账款	长风公司			2 000.00
合　　计				¥2 000.00	¥2 000.00

附件1张

会计主管：　　记账：　　审核：　　出纳：张琳　　制单：李蕾

图 2-6-3　第 18 号记账凭证

（4）用现金支付出差人员借款，共计 800 元，编制第 20 号记账凭证，如图 2-6-4 所示。

记 账 凭 证

2017年2月18日　　　　　　　　　　　　　　　　记字20号

摘　　要	一级科目	二级或明细科目	√	借方金额	贷方金额
支付员工借款	其他应收账款			800.00	
支付员工借款	库存现金				800.00
合　　计				¥800.00	¥800.00

附件1张

会计主管：　　记账：　　审核：　　出纳：张琳　　制单：李蕾

图 2-6-4　第 20 号记账凭证

请根据上述经济业务及记账凭证登记库存现金日记账（见图 2-6-5）和银行存款日记账（见图 2-6-6）。

现金日记账

2017年		凭证		摘　要	借　方											贷　方											借或贷	余　额											√
月	日	字	号		亿	千	百	十	万	千	百	十	元	角	分	亿	千	百	十	万	千	百	十	元	角	分		亿	千	百	十	万	千	百	十	元	角	分	
2	1			上年结转																							借						8	2	2	0	0	0	
2	4	记	3	支付办公租金																	4	5	0	0	0	0	借						3	7	2	0	0	0	
2	5	记	4	提取备用金						3	0	0	0	0	0												借						6	7	2	0	0	0	
2	10	记	6	王涛报销餐费																		5	5	2	0	0	借						6	1	6	8	0	0	
2	10	记	9	支付水电费																			1	0	0	0	借						6	0	6	8	0	0	
2	15	记	10	李文借差旅费																	6	0	0	0	0	0	借						5	4	6	8	0	0	
2	15	记	14	办公用品																			3	5	1	4	借						5	4	3	2	8	6	

图 2-6-5　库存现金日记账

银行存款日记账

2017年		凭证		摘要	借方											贷方											借或贷	余额											√
月	日	字	号		亿	千	百	十	万	千	百	十	元	角	分	亿	千	百	十	万	千	百	十	元	角	分		亿	千	百	十	万	千	百	十	元	角	分	
2	1			上年结转																							借					7	6	0	0	0	0	0	
2	5	记	4	提取备用金																	1	5	0	0	0	0	借					7	4	5	0	0	0	0	
2	5	记	5	支付货款																	2	0	0	0	0	0	借					7	2	5	0	0	0	0	
2	10	记	7	销售产品					5	8	5	0	0	0	0												借				1	3	1	0	0	0	0	0	
2	10	记	9	购买办公用品																	1	2	6	8	0	0	借				1	2	9	7	3	2	0	0	

图 2-6-6　银行存款日记账

步骤一：登记现金日记账

出纳逐笔登记现金日记账，做到账目和凭证完全一致，登记时注意日期、凭证字号、摘要、借贷方、余额这五项内容。

（1）针对“提取备用金”业务：

“日期”为记账凭证上记载的日期，它应该与现金实际收付的日期一致，此笔业务的日期应为 2 月 18 日；

“字”“号”根据其记账凭证，为“记”字，第“15”号；

“摘要”栏根据其记账凭证填写“提取备用金”，简洁明了地表达业务内容；

“借方金额”“贷方金额”栏，本业务发生导致银行存款减少，库存现金增加，则在现金日记账“借方金额”栏登记库存现金增加的金额 1 000 元；

“余额”采用金额累加的形式，余额＝上期余额＋本期借方发生额－本期贷方发生额，则第一笔业务的余额为 5 432.86＋1 000＝6 432.86；

“借或贷”那一栏，因为该笔业务发生后余额在借方，故填写“借”。

（2）针对“购买办公用品”业务：

“日期”为记账凭证上记载的日期，此笔业务的日期为 2 月 18 日；

“字”“号”根据其记账凭证，为“记”字，第“16”号；

“摘要”栏填写“购买办公用品”，简洁明了地表达业务内容；

“借方金额”“贷方金额”栏，本业务发生，导致库存现金减少，管理费用增加，则在现金日记账“贷方金额”栏登记库存现金减少的金额 700 元；

“余额”采用金额累加的形式，余额＝上期余额＋本期借方发生额－本期贷方发生额，则第一笔业务的余额为 6 432.86－700＝5 732.86；

“借或贷”那一栏，因为该笔业务发生后余额在借方，故填写“借”。

（3）针对“支付员工借款”业务：

“日期”为记账凭证上记载的日期，此笔业务的日期为 2 月 18 日；

“字”“号”根据其记账凭证，为“记”字，第“20”号；

“摘要”栏填写“支付员工借款”，简洁明了地表达业务内容；

“借方金额”“贷方金额”栏，本业务发生，导致库存现金减少、其他应收账款增加，则在现金日记账“贷方金额”栏登记库存现金减少的金额 800 元；

“余额”采用金额累加的形式，余额＝上期余额＋本期借方发生额－本期贷方发生额，则第一笔业务的余额为 5 732.86－800＝4 932.86；

“借或贷”那一栏，因为该笔业务发生后余额在借方，故填写“借”。

2 月 18 日，登记现金日记账结果如图 2－6－7 所示。

现金日记账

2017年		凭证		摘要	借方											贷方											借或贷	余额											√
月	日	字	号		亿	千	百	十	万	千	百	十	元	角	分	亿	千	百	十	万	千	百	十	元	角	分		亿	千	百	十	万	千	百	十	元	角	分	
2	1			上年结转																							借						8	2	2	0	0	0	
2	4	记	3	支付办公租金																	4	5	0	0	0	0	借						3	7	2	0	0	0	
2	5	记	4	提取备用金						3	0	0	0	0	0												借						6	7	2	0	0	0	
2	10	记	6	王涛报销餐费																		5	5	2	0	0	借						6	1	6	8	0	0	
2	10	记	9	支付水电费																			1	0	0	0	借						6	0	6	8	0	0	
2	15	记	10	李文借差旅费																	6	0	0	0	0	0	借						5	4	6	8	0	0	
2	15	记	14	办公用品																			3	5	1	4	借						5	4	3	2	8	6	
2	18	记	15	提取备用金						1	0	0	0	0	0												借						6	4	3	2	8	6	
2	18	记	16	购买办公用品																		7	0	0	0	0	借						5	7	3	2	8	6	
2	18	记	20	支付员工借款																		8	0	0	0	0	借						4	9	3	2	8	6	

图 2－6－7　现金日记账登记结果

现金日记账是用来核算和监督库存现金每天的收入、支出和结存情况的账簿。由出纳根据与现金收付有关的记账凭证，如现金收款、现金付款、银行付款（提现业务）凭证，逐日逐笔进行登记，并随时结记余额。

登记现金日记账时，除了遵循账簿登记的基本要求外，还应注意以下栏目的填写方法：

1. 日期

一般依据记账凭证登记，因此，日期为编制该记账凭证的日期。不能填写原始凭证上记载的发生或完成该经济业务的日期，也不是实际登记该账簿的日期。

2. 凭证字号

“凭证字号”栏中应填入据以登账的会计凭证类型及编号。例如，企业采用通用凭证格式，根据记账凭证登记现金日记账时，填入“记字×号”。

3. 摘要

“摘要”栏简要说明入账的经济业务内容，力求简明扼要。

4. 借方、贷方

“借方”栏、“贷方”栏应根据相关凭证中记录的“库存现金”科目的借贷方向及金额记入。

5. 余额

“余额”栏应根据“本行余额＝上行余额＋本行借方－本行贷方”公式计算填入。

若现金日记账“余额”栏前未印有借贷方，则默认为借方，正常情况下库存现金余额不允许出现在贷方。若出现了贷方余额，则在余额栏用红字登记，表示贷方余额。

每日终了应结出当日库存现金收入、支出合计数及结余数，并将账面结存数与库存现金实有数核对。

步骤二：登记银行存款日记账

出纳逐笔登记银行存款日记账，做到账目和记账凭证完全一致，登记时注意日期、凭证字号、摘要、借贷方、余额这五项的内容。

（1）针对“提取备用金”业务：

“日期”栏、“字、号”栏、“摘要”栏都与现金日记账填写内容一致；

“借方金额”“贷方金额”栏，本业务发生，导致银行存款减少，库存现金增加，则在银行存款日记账“贷方金额”栏登记银行存款减少的金额 1 000 元；

“余额”采用金额累加的形式，余额＝上期余额＋本期借方发生额－本期贷方发生额，则第一笔业务的余额为 129 732－1 000＝128 732；

“借或贷”那一栏，因为该笔业务发生后余额在借方，故填写“借”。

（2）针对“收到前欠货款”业务：

“日期”为填记账凭证上的日期为 2 月 18 日；

“字”“号”根据其记账凭证，为“记”字，第“18”号；

“摘要”栏填写“收到前欠货款”，简洁明了、清楚的表达业务内容；

“借方金额”“贷方金额”栏，本业务发生，导致银行存款增加、应收账款减少，则在银行存款日记账“借方金额”栏登记银行存款增加的金额 2 000 元；

“余额”采用金额累加的形式，余额＝上期余额＋本期借方发生额－本期贷方发生额，则第一笔业务的余额为 128 732＋2 000＝130 732；

“借或贷”那一栏，因为该笔业务发生后余额在借方，故填写“借”。

2 月 18 日，登记银行存款日记账结果如图 2－6－8 所示。

银行存款日记账

2017年		凭证		摘要	借方											贷方											借或贷	余额											√
月	日	字	号		亿	千	百	十	万	千	百	十	元	角	分	亿	千	百	十	万	千	百	十	元	角	分		亿	千	百	十	万	千	百	十	元	角	分	
2	1			上年结转																							借					7	6	0	0	0	0	0	
2	5	记	4	提取备用金																	1	5	0	0	0	0	借					7	4	5	0	0	0	0	
2	5	记	5	支付货款																	2	0	0	0	0	0	借					7	2	5	0	0	0	0	
2	10	记	7	销售产品					5	8	5	0	0	0	0												借				1	3	1	0	0	0	0	0	
2	10	记	9	购买办公用品																	1	2	6	8	0	0	借				1	2	9	7	3	2	0	0	
2	18	记	15	提取备用金																	1	0	0	0	0	0	借				1	2	8	7	3	2	0	0	
2	18	记	18	收到前欠货款						2	0	0	0	0	0												借				1	3	0	7	3	2	0	0	

图 2－6－8　银行存款日记账登记结果

银行存款日记账由出纳人员根据银行存款的收、付款凭证，逐日逐笔顺序登记，登记方法与现金日记账登记方法基本相同。

每日终了应结出当日收入、支出合计数及结余数。银行存款日记账定期或不定期与开户银行提供的对账单进行核对，每月至少核对一次，并通过编制银行存款余额调节表检查银行存款记录的正确性。

战术提升

2017 年 2 月，长风有限公司期初库存现金余额为 8 220 元，2 月共发生 4 笔与现金有关的业务。

（1）2 月 1 日，以现金支付电话费 500 元，编制现付字第 1 号凭证；

（2）2 月 12 日，以现金支付桶装水 300 元，编制现付字第 6 号凭证；

（3）2 月 14 日，收到员工偿还的借款 800 元，编制现收字第 13 号凭证；

（4）2 月 27 日，从银行提取现金 3 000 元，用于日常现金支出，编制银付字第 73 号凭证。

请根据以上 4 项业务内容编制现金日记账，如图 2－6－9 所示。

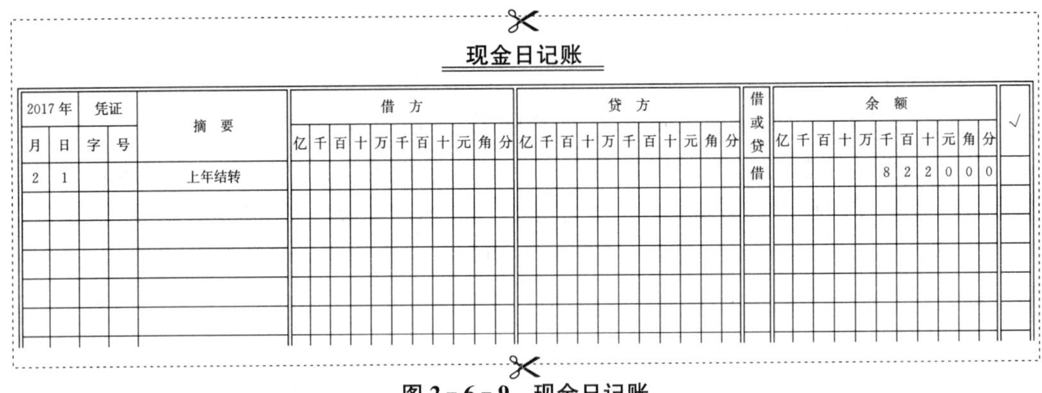

现金日记账

2017年		凭证		摘要	借方										贷方										借或贷	余额										√
月	日	字	号		亿	千	百	十	万	千	百	十	元	角	分	亿	千	百	十	万	千	百	十	元	角	分		亿	千	百	十	万	千	百	十	元	角	分	
2	1			上年结转																						借					8	2	2	0	0	0	

图 2－6－9　现金日记账

任务七　发放工资

瞄准靶心

能够办理银行代发工资相关手续。

新疆彭洪有限公司通知自 2017 年 2 月起，所有员工工资由银行代发。本月 8 日，公

司要为员工发放1月工资，出纳张琳需及时办理好工资发放相关手续，如图2-7-1所示。

工资发放表

编制单位：新疆彭洪有限公司　　　　所属期：2017年1月　　　　发放日期：2017年2月8日　　　　单位：元

序号	部门	姓名	应发工资			应扣款项					工资合计	代扣代缴款项					应计个税工资	应扣个税	实发工资	备注
			基本工资	加班工资	小计	事假扣款	病假扣款	迟到扣款	其他扣款	小计		养老保险	医疗保险	失业保险	住房公积金	小计				
1	生产部	张甲	2 030.00		2 030.00					0.00	2 030.00	162.40	40.60	20.30	162.40	385.70	1 644.30	0.00	1 644.30	
2	生产部	王乙	2 030.00		2 030.00					0.00	2 030.00	162.40	40.60	20.30	162.40	385.70	1 644.30	0.00	1 644.30	
3	生产部	李丙	3 000.00		3 000.00					0.00	3 000.00	240.00	60.00	30.00	240.00	570.00	2 430.00	0.00	2 430.00	
4	财务部	黄丁	4 000.00		4 000.00					0.00	4 000.00	320.00	80.00	40.00	320.00	760.00	3 240.00	0.00	3 240.00	
5	生产部	舒戊	5 000.00		5 000.00					0.00	5 000.00	400.00	100.00	50.00	400.00	950.00	4 050.00	16.50	4 033.50	
6	财务部	赵己	6 000.00		6 000.00					0.00	6 000.00	480.00	120.00	60.00	480.00	1 140.00	4 860.00	40.80	4 819.20	
7	生产部	叶庚	7 000.00		7 000.00					0.00	7 000.00	560.00	140.00	70.00	560.00	1 330.00	5 670.00	112.00	5 558.00	
8	办公室	杨辛	8 000.00		8 000.00					0.00	8 000.00	640.00	160.00	80.00	640.00	1 520.00	6 480.00	193.00	6 287.00	
9	销售部	胡壬	9 000.00		9 000.00					0.00	9 000.00	720.00	180.00	90.00	720.00	1 710.00	7 290.00	274.00	7 016.00	
10	总经办	刘癸	10 000.00		10 000.00					0.00	10 000.00	800.00	200.00	100.00	800.00	1 900.00	8 100.00	365.00	7 735.00	
		合计	56 060.00	0.00	56 060.00	0.00	0.00	0.00	0.00	0.00	56 060.00	4 484.00	1 121.20	560.60	4 484.80	10 651.40	45 408.60	1 001.30	44 407.30	

批准：　　　　复核：　　　　出纳：　　　　制表：王菲菲

图2-7-1　员工工资发放表

网上银行代发工资业务是指企业向银行申请签订代发工资协议，由银行向全国范围内的本公司员工代发工资的业务。通过网上银行操作，从单位基本结算账户向个人结算账户（借记卡、存折）自助发放工资。

步骤一：审批

出纳要按照人事部门报送的工资表，审核工资表相关项目。按照单位工作流程，交由财务经理审核，总经理审批。如图2-7-2所示。

工资发放表

编制单位：新疆彭洪有限公司　　　　所属期：2017年1月　　　　发放日期：2017年2月8日　　　　单位：元

序号	部门	姓名	应发工资			应扣款项					工资合计	代扣代缴款项					应计个税工资	应扣个税	实发工资	备注
			基本工资	加班工资	小计	事假扣款	病假扣款	迟到扣款	其他扣款	小计		养老保险	医疗保险	失业保险	住房公积金	小计				
1	生产部	张甲	2 030.00		2 030.00					0.00	2 030.00	162.40	40.60	20.30	162.40	385.70	1 644.30	0.00	1 644.30	
2	生产部	王乙	2 030.00		2 030.00					0.00	2 030.00	162.40	40.60	20.30	162.40	385.70	1 644.30	0.00	1 644.30	
3	生产部	李丙	3 000.00		3 000.00					0.00	3 000.00	240.00	60.00	30.00	240.00	570.00	2 430.00	0.00	2 430.00	
4	财务部	黄丁	4 000.00		4 000.00					0.00	4 000.00	320.00	80.00	40.00	320.00	760.00	3 240.00	0.00	3 240.00	
5	生产部	舒戊	5 000.00		5 000.00					0.00	5 000.00	400.00	100.00	50.00	400.00	950.00	4 050.00	16.50	4 033.50	
6	财务部	赵己	6 000.00		6 000.00					0.00	6 000.00	480.00	120.00	60.00	480.00	1 140.00	4 860.00	40.80	4 819.20	
7	生产部	叶庚	7 000.00		7 000.00					0.00	7 000.00	560.00	140.00	70.00	560.00	1 330.00	5 670.00	112.00	5 558.00	
8	办公室	杨辛	8 000.00		8 000.00					0.00	8 000.00	640.00	160.00	80.00	640.00	1 520.00	6 480.00	193.00	6 287.00	
9	销售部	胡壬	9 000.00		9 000.00					0.00	9 000.00	720.00	180.00	90.00	720.00	1 710.00	7 290.00	274.00	7 016.00	
10	总经办	刘癸	10 000.00		10 000.00					0.00	10 000.00	800.00	200.00	100.00	800.00	1 900.00	8 100.00	365.00	7 735.00	
		合计	56 060.00	0.00	56 060.00	0.00	0.00	0.00	0.00	0.00	56 060.00	4 484.80	1 121.20	560.60	4 484.80	10 651.40	45 408.60	1 001.30	44 407.30	

批准：李云　　　　复核：王红　　　　出纳：张琳　　　　制表：王菲菲

图2-7-2　员工工资发放表（审批后）

步骤二：银行代发工资

（1）与银行签订代发协议。第一次办理工资发放前，出纳应与企业基本存款账户开户行联系，签订银行代发工资协议如下所示。

代发工资协议书

甲方：中国建设银行北关支行

乙方：新疆彭洪有限公司

经甲乙双方本着安全方便、互惠互利的原则，就乙方委托甲方代发工资事宜达成如下协议，双方共同遵守。

第一条 乙方委托甲方代发工资日期为每月 8 日，每月 8 日前乙方将代发工资名单及金额数据提交甲方，并于每月 8 日前将代发工资的资金划转到甲方开设的专用账户。

第二条 甲方收到乙方代发工资资金和数据后，应及时认真审核乙方数据实发金额与乙方划转的资金总额是否一致，若发现金额不符的情况，甲方应及时与乙方联系，由乙方进行修改并确保工资金额准确无误。甲方按照乙方修改后的数据编制账号和户名，并在约定的代发工资日及时将工资划转入乙方所列工资账户。

第三条 若出现以下情况之一而造成乙方工资不能及时领用或发放错误的，由乙方承担责任。

1. 乙方资金不到位的；
2. 所列工资数据盘未及时送交甲方；
3. 所列工资数据编制有误。

第四条 若因甲方工作失误而造成工资发放有误，由甲方承担责任，并承担因此给乙方所造成的损失。

第五条 乙方在向本单位发放活期储蓄存折时，要告知其本人存款账户的初始密码，并逐一提醒个人修改初始密码。

第六条 除代发工资，甲方可为乙方代发其他款项，操作方式同上所述，代理发放的时间由甲乙双方协商确定。

第七条 甲方为乙方代发工资按笔计 3 元/笔，异地（按跨地市）代发每笔按照实际费用结算。代发手续费按月核算，每季支付一次。

第八条 本协议未尽事宜由甲、乙双方协商解决。

第九条 本协议自双方负责人或授权代理人签字并加盖公章之日起生效，合同有效期为三年。合同到期后，任何一方未提出书面异议的，视同同意协议延长 1 年，延期次数不限。

第十条 本协议一式四份，甲、乙双方各执二份。

第十一条　因履行本协议而产生的纠纷由甲乙双方协商解决，协商不成的，任何一方均有权向乙方所在地仲裁。不涉及争议部分，甲乙双方仍需继续履行。

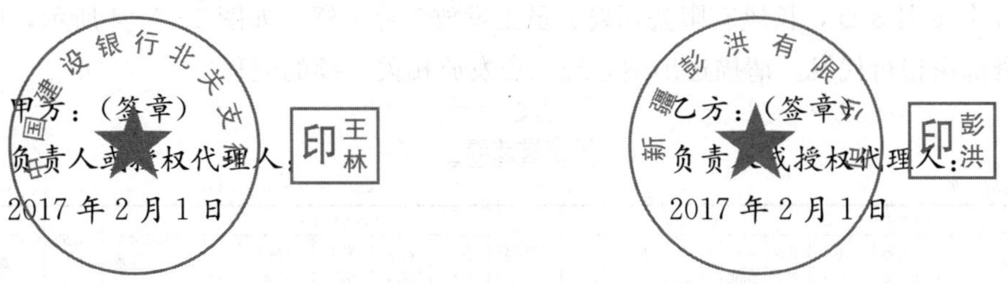

按照银行代发工资协议约定，与银行联系取得员工工资信息批量导入格式，按格式填好，备份一份电子档。同时，银行办理好专门用来发放工资的工资卡，交给企业。

(2) 办理工资发放。到工资发放日，出纳将审核完毕的工资表导入银行的网银系统，如图 2-7-3 所示，按系统要求填写总金额、总笔数等信息。指令提交之后，开户行按时将应发给员工的工资从本公司账号余额中足额转入每位员工的储蓄账户。基本上，员工工资 24 小时内即可到账。

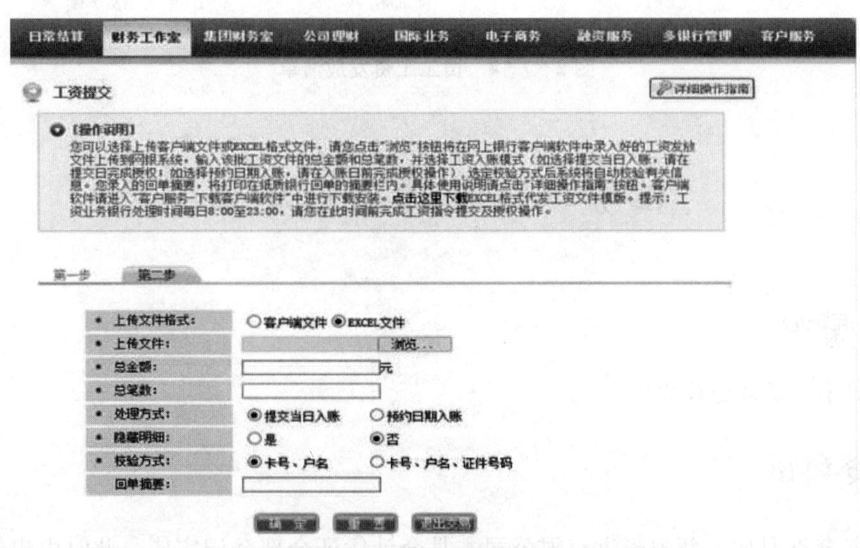

图 2-7-3　工资表导入界面

登录网银系统界面进行网银操作时，需要根据银行提供的 u—key 进入系统。银行一般提供给企业几个权限不同的密钥。银行提供企业的 u—key 有不同权限，由于各企业财务管理制度不同，该密钥操作权限一般由出纳持有，负责信息录入；复核员权限为会计经理或主管持有；管理员权限一般为总经理持有。

战术提升

2017 年 6 月 8 日，长风有限公司要为员工发放 5 月工资，如图 2-7-4 所示，所有员工工资都由银行代发。请描述出纳办理工资发放相关手续的流程。

工资发放表

编制单位：长风有限公司　　所属期：2017 年 5 月　　发放日期：2017 年 6 月 8 日　　单位：元

序号	部门	姓名	应发工资			应扣款项					工资合计	代扣代缴款项					应计个税工资	应扣个税	实发工资	备注
			基本工资	加班工资	小计	事假扣款	病假扣款	迟到扣款	其他扣款	小计		养老保险	医疗保险	失业保险	住房公积金	小计				
1	行政部	叶坤	5 000.00		5 000.00					0.00	5 000.00	400.00	100.00	50.00	400.00	950.00	4 050.00	16.50	4 033.50	
2	行政部	王莉	5 000.00		5 000.00					0.00	5 000.00	400.00	100.00	50.00	400.00	950.00	4 050.00	16.50	4 033.50	
3	生产部	李勋	3 000.00		3 000.00					0.00	3 000.00	240.00	60.00	30.00	240.00	570.00	2 430.00	0.00	2 430.00	
4	生产部	张允	3 000.00		3 000.00					0.00	3 000.00	240.00	60.00	30.00	240.00	570.00	2 430.00	0.00	2 430.00	
5	生产部	付新	5 000.00		5 000.00					0.00	5 000.00	400.00	100.00	50.00	400.00	950.00	4 050.00	16.50	4 033.50	
6	生产部	郝华	5 000.00		5 000.00					0.00	5 000.00	400.00	100.00	50.00	400.00	950.00	4 050.00	16.50	4 033.50	
7	财务部	文高宁	10 000.00		10 000.00					0.00	10 000.00	800.00	200.00	100.00	800.00	1 900.00	8 100.00	365.00	7 735.00	
8	财务室	杨青	8 000.00		8 000.00					0.00	8 000.00	640.00	160.00	80.00	640.00	1 520.00	6 480.00	193.00	6 287.00	
9	销售部	辛煜	8 000.00		8 000.00					0.00	8 000.00	640.00	160.00	80.00	640.00	1 520.00	6 480.00	193.00	6 287.00	
10	销售部	彭辉	8 000.00		8 000.00					0.00	8 000.00	640.00	160.00	80.00	640.00	1 520.00	6 480.00	193.00	6 287.00	
		合计	60 000.00	0.00	60 000.00	0.00	0.00	0.00	0.00	0.00	60 000.00	4 800.00	1 200.00	600.00	4 800.00	11 400.00	48 600.00	1 010.00	47 590.00	

批准：　　复核：　　出纳：　　制表：严妍

图 2-7-4　员工工资发放清单

任务八　装订会计凭证

瞄准靶心

能够手工装订会计凭证。

2017 年 2 月底，新疆彭洪有限公司本月会计凭证全部登记完毕，此时由出纳张琳对所有凭证装订成册，如图 2-8-1 所示。

图 2-8-1　凭证装订成册

步骤一：准备装订工具

准备工具：针、线、大夹子、剪刀、胶棒、刀子、笔、对角纸、凭证的封皮与封底，如图 2-8-2 所示。

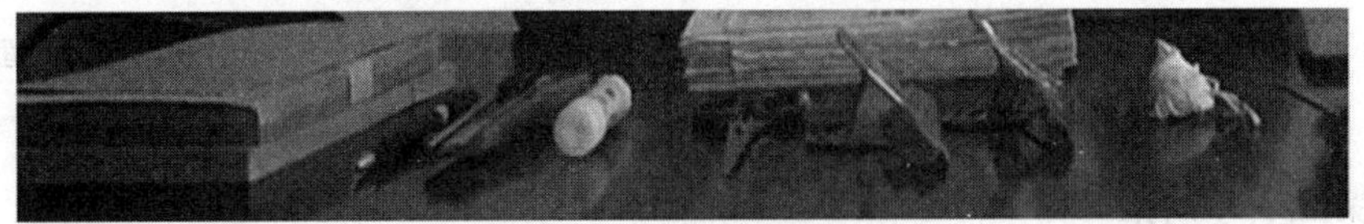

图 2-8-2　装订工具

步骤二：裁剪开封面、封底

将封面、封底用剪刀裁剪开，封面放在凭证的上方，封底放在凭证的下方，如图 2-8-3所示。

图 2-8-3　添加封面、封底

步骤三：对角纸贴于封面

将一式两份的对角纸沿对角线撕开，如图 2-8-4 所示。

将对角纸朝上，粘贴在封面的左上角，粘贴对齐；并且将对角纸沿虚线的位置向上折起，如图 2-8-5 所示。

图 2-8-4　撕开对角纸

图 2-8-5　对角纸贴于封面

步骤四：打孔

用大夹子固定住凭证两侧，然后将对角线固定在装订机上，如图 2-8-6 所示。

步骤五：穿线

首先从凭证上面底端的孔穿入针线，绕边缘一圈，再次从孔中穿入针线；然后从正面穿入孔中，绕下边缘一圈；最后在凭证的背面打线结，如图 2-8-7 所示。

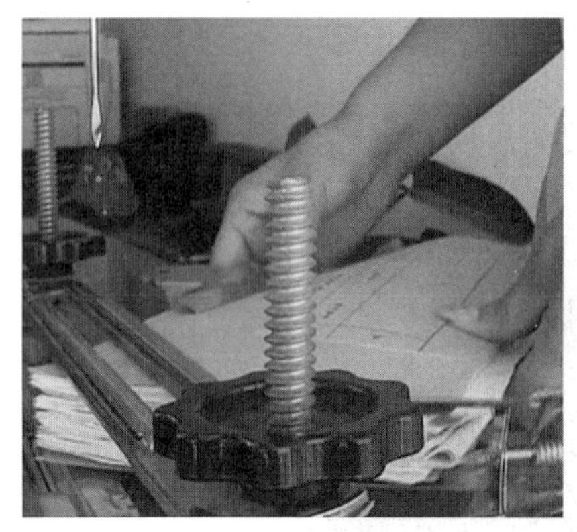

图 2-8-6　打孔

图 2-8-7　穿线

步骤六：包装凭证的角

向对角纸涂上胶水，向左上角翻折，将线粘死，即将凭证的角包好，如图 2-8-8 所示。

步骤七：填写凭证封面信息

按照凭证封面的内容，依次填写凭证的年、月、日，本月总共的册数和本册是本月凭证第几册册数；其次填写本月是第×号到第×号，需要查阅凭证，分别填写第一张凭证的号数和最后一张凭证的号数，如图 2－8－9 所示。

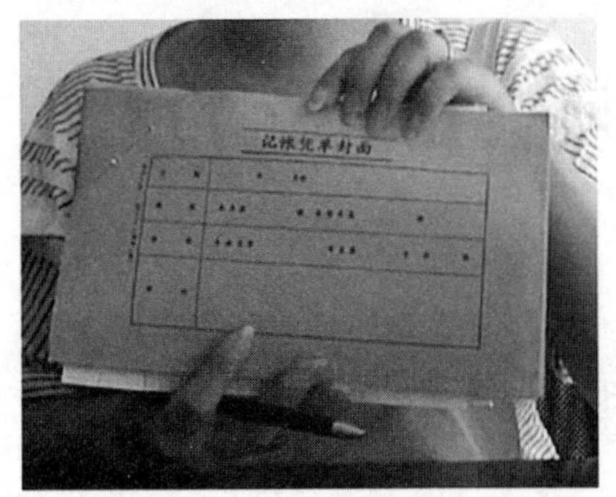

图 2－8－8　包角

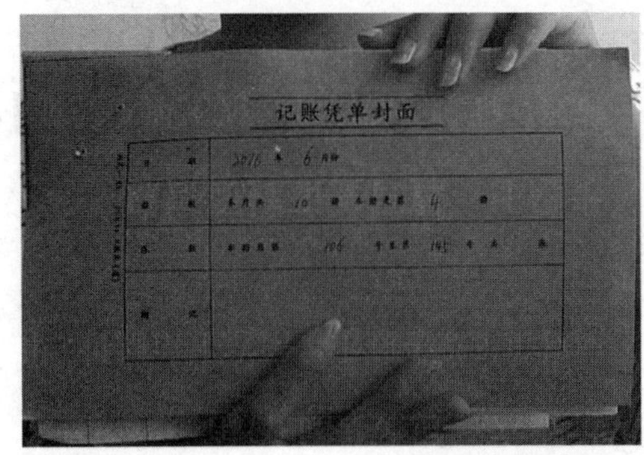

图 2－8－9　凭证封面信息

完成凭证的装订全部工作。

战术提升

请按照以上方法，练习装订会计凭证。

项目三　出纳必须会用什么

任务一　使用印鉴

瞄准靶心

能够清晰准确地加盖印章。

军令如山

新疆彭洪有限公司为一般纳税人，2017 年 2 月 18 日，向万友有限公司销售了一批 B 产品，并开具了增值税专用发票如图 3－1－1 所示。增值税专用发票要在第二联即抵扣联和第三联即发票联上盖企业发票专用章，盖章方法相同。以第三联为例，出纳张琳在开具完成的发票第三联即发票联，如图 3－1－2 所示，加盖企业发票专用章。

4100993170　　**新疆增值税专用发票**　　No. 00085964

（全国统一发票监制章　新疆　国家税务局监制）

记　账　联　　　开票日期：2017年02月15日

国税函〔2017〕579号北京印钞有限公司

购货单位	名　　称：万有有限公司 纳税人识别号：486002726755555 地 址、电 话：新疆经济技术开发区平宁路128号 0999-65688711 开户行及账号：中国工商银行平宁分行 020053882799008871 1	密码区	-786<35/*634+15>252>*6 5251>6003*47++687*/09957>+5 0->0</136+>83266>8266-311-* 2<*210+1>6003*47++687*/60>1

货物或应税劳务名称	规格型号	单位	数量	单价	金额	税率	税额
B产品		件	100	300	30 000.00	17%	51 00.00
合计					¥30 000.00		¥5 100.00
价税合计（大写）	⊗叁万伍仟壹佰元整				（小写）¥35 100.00		

销货单位	名　　称：新疆彭洪有限公司 纳税人识别号：486002726700686 地 址、电 话：新疆省伊犁伊宁5号院1631室 0999-83512376 开户行及账号：中国工商银行伊宁支行 020053882799008870 0	备注	

收款人：张伟　　复核：王红　　开票人：胡瑚　　销货单位：（章）

第一联：记账联　销货方记账凭证

图 3-1-1　增值税专用发票（记账联）

4100993170　　**新疆增值税专用发票**　　No. 00085964

（全国统一发票监制章　新疆　国家税务局监制）

发　票　联　　　开票日期：2017年02月15日

国税函〔2017〕579号北京印钞有限公司

购货单位	名　　称：万友有限公司 纳税人识别号：486002726755555 地 址、电 话：新疆市经济技术开发区平宁路128号 0999-65688711 开户行及账号：中国工商银行平宁分行 020053882799008871 1	密码区	-786<35/*634+15>252>*6 5251>6003*47++687*/09957>+5 0->0</136+>83266>8266-311-* 2<*210+1>6003*47++687*/60>1

货物或应税劳务名称	规格型号	单位	数量	单价	金额	税率	税额
B产品		件	100	300	30 000.00	17%	51 00.00
合计					¥30 000.00		¥5 100.00
价税合计（大写）	⊗叁万伍仟壹佰元整				（小写）¥35 100.00		

销货单位	名　　称：新疆彭洪有限公司 纳税人识别号：486002726700686 地 址、电 话：新疆省伊犁伊宁5号院1631室 0999-83512376 开户行及账号：中国工商银行伊宁支行 020053882799008870 0	备注	

收款人：张伟　　复核：王红　　开票人：胡瑚　　销货单位：（章）

第三联：发票联　购货方记账凭证

图 3-1-2　增值税专用发票（发票联）

出纳日常工作中经常接触、使用企业印章，常使用的有财务专用章、发票专用章、现金专用章、转讫章、企业公章等。

财务专用章又称财务印鉴章，用于收据、银行预留印鉴等，财务章适合硬质的材料，如牛角印章、黄铜印等。字体为宋体和隶书，印章尺寸大小由各市、县地方税局确定。

发票专用章，盖印鉴主要用于开具各类发票。

现金专用章，即现金收讫章、现金付讫章，主要用于收到现金、支付现金时使用。

企业公章，该印鉴主要在各类企业协议、规定、证明等书面文件中使用。

步骤一：盖章前的准备

用印前，准备好要用的印章（这里为发票专用章），如图 3－1－3 所示，仔细辨认印章的文字，以防用错；同时，还应准备好印垫、印泥和对应颜色的印油，如图 3－1－4、图 3－1－5、图 3－1－6 所示。

图 3－1－3　印章（铜章）

图 3－1－4　印垫

图 3－1－5　印泥

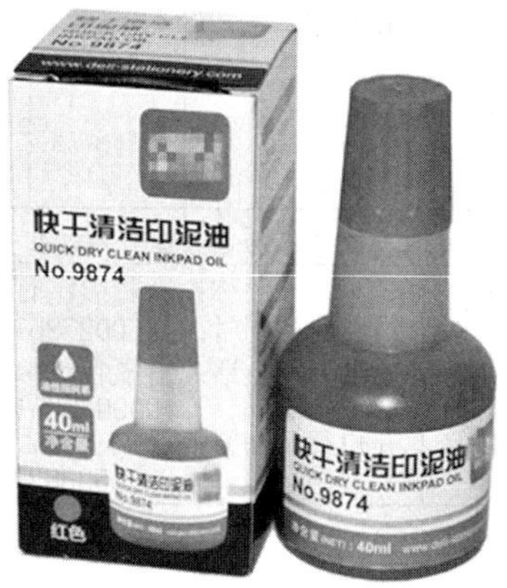

图 3－1－6　印油

日常工作中，若办公桌上没有专门准备整块的胶皮，我们可以选择电脑的鼠标垫作为替代，垫在印章下方。

步骤二：盖章

盖章时要掌握好蘸取印泥的量，首先将章子边缘落在纸上，然后沿章子边缘将整个印章印在纸上，并用力压匀，印完用手立刻将印章抬起。

印章完后，应辨别所盖印章是否清晰：

（1）仔细查看印章边框是否清晰，确保没有缺口；

（2）观察印章内文字是否清楚，不能有模糊不清、重影等情况；

（3）印章颜色鲜明，如果颜色较浅请重新盖章。

首先，拿起印章在印泥上均匀蘸色，然后将印章在一张不用的纸上试盖，观察盖章印迹是否清晰；

试盖清晰后，就要在专用发票的盖章处正式盖章。盖章时，将发票或发票盖章处放在印垫上，将发票专用章的边缘首先落在纸上，然后整个印章都印在纸上，同时用力将章压匀，印完用手迅速将印章抬起。观察所盖印鉴位置是否正确、印迹是否清晰、颜色是否鲜明，确认盖章没有问题后，即完成盖章步骤。清晰正确的盖章如图 3-1-7 所示。

4100993170　　新疆增值税专用发票　　№ 00085964

全国统一发票监制章 新疆 国家税务局监制

发票联

开票日期：2017年02月18日

购货单位	名　　称：万友有限公司 纳税人识别号：486002726755555 地 址、电 话：新疆市经济技术开发区平宁路128号 0999-65688711 开户行及账号：中国工商银行平宁分行 0200538827990088711	密码区	-786<35/*634+15>252>*6 5251>6003*47++687*/09957>+5 0->0</136+>83266>8266-311-* 2<*210+1>6003*47++687*/60>1

货物或应税劳务名称	规格型号	单位	数量	单价	金额	税率	税额
B产品		件	100	300	30 000.00	17%	51 00.00
合计					¥30 000.00		¥5 100.00
价税合计（大写）	⊗叁万伍仟壹佰元整				（小写）¥35 100.00		

销货单位	名　　称：新疆彭洪有限公司 纳税人识别号：486002726700686 地 址、电 话：新疆省伊犁伊宁5号院1631室 0999-83512376 开户行及账号：中国工商银行伊宁支行 0200538827990088700	备注	新疆彭洪有限公司 486002726700686 发票专用章

收款人：张伟　　复核：王红　　开票人：胡瑚　　销货单位：（章）

国税函（2017）579号北京印钞有限公司

第三联：发票联　购货方记账凭证

图 3-1-7　增值税专用发票盖章（发票联）

步骤三：收存印鉴

盖完章后，应及时将印鉴收存起来妥善保管。

印鉴一般由会计主管人员或指定专门人员保管。负责保管印鉴的人员不得将印章随意存放或带出工作单位，若有需要，要将印鉴带离工作单位时，应办理报批和登记手续。各种印章的保管应与现金保管要求相同，不得随意放入抽屉内保管，这样极易使违法违纪人员有机可乘，给单位和国家造成不必要的经济损失。

战术提升

按照新疆彭洪有限公司出纳张琳在开具的增值税专用发票第三联即发票联上盖章的方法，请在开具完成的增值税专用发票第二联即抵扣联上加盖企业发票专用章，如图 3-1-8 所示。

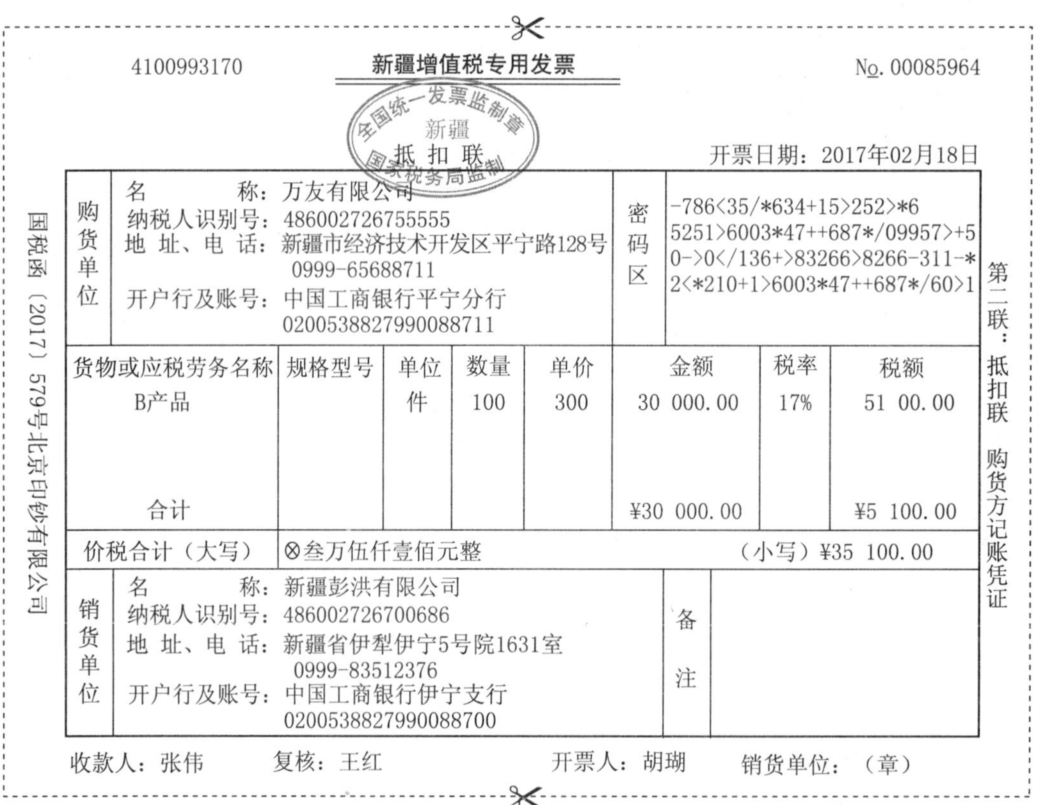

4100993170　　新疆增值税专用发票　　No. 00085964

全国统一发票监制章 国家税务局监制 新疆

抵扣联

开票日期：2017年02月18日

购货单位：
名　　　称：万友有限公司
纳税人识别号：486002726755555
地 址、电 话：新疆市经济技术开发区平宁路128号 0999-65688711
开户行及账号：中国工商银行平宁分行 0200538827990088711

密码区：
-786<35/*634+15>252>*6
5251>6003*47++687*/09957>+5
0->0</136+>83266>8266-311-*
2<*210+1>6003*47++687*/60>1

货物或应税劳务名称	规格型号	单位	数量	单价	金额	税率	税额
B产品		件	100	300	30 000.00	17%	51 00.00
合计					¥30 000.00		¥5 100.00

价税合计（大写）　⊗叁万伍仟壹佰元整　　（小写）¥35 100.00

销货单位：
名　　　称：新疆彭洪有限公司
纳税人识别号：486002726700686
地 址、电 话：新疆省伊犁伊宁5号院1631室 0999-83512376
开户行及账号：中国工商银行伊宁支行 0200538827990088700

备注：

收款人：张伟　　复核：王红　　开票人：胡瑚　　销货单位：（章）

国税函〔2017〕579号北京印钞有限公司

第二联：抵扣联　购货方记账凭证

图 3-1-8　增值税专用发票（抵扣联）

任务二　使用保险柜

瞄准靶心

能够做好保险柜的日常使用和保管。

军令如山

张琳作为新疆彭洪有限公司新招聘的出纳，由其接替原出纳的工作职责，负责保险柜（见图 3-2-1）的日常使用和保管。那么，张琳日常需要做好哪些工作呢？

图 3-2-1　保险柜 1

步骤一：保险柜密码管理

保险柜的使用说明书上有初始密码，这个密码当然是不保险的，需要重新设置。同时，若保险柜属于非固定密码结构的，这个设置的密码应定期更换，应当在出纳调动工作、保管人员离职等合适时间修改密码。所以出纳张琳在交接了保险柜后，应注意该企业保险柜是否为固定密码，若不是，应及时更换新密码。设置的密码，出纳应严格保密，不得透露给他人。

出纳日常使用保险柜前，需输入密码方可开启保险柜。在输入密码时，应注意用一只手遮挡。

出厂后的密码没有更改，或者财物管理人员的频繁调动以及经常性地在多人情况下开启密码等情况，都容易造成密码的泄露，对保险柜内财务的安全造成威胁，切记要严格管理密码。

步骤二：保险柜钥匙管理

保险柜钥匙应分别妥善保管，谨防给不法分子以可乘之机。

财务人员切忌随意将保险柜钥匙交与他人保管；若丢失保险柜钥匙，应及时向上级申请更换保险柜锁，保证财产物资安全。

步骤三：保险柜的开启

保险柜只能由出纳开启，其他人不可以开启。如果财务经理或主管要求检查库存现金限额、核对实际库存现金数额等工作时，应由出纳开启保险柜，财务经理或主管应在旁监盘。特殊情况下，可以按照有关程序由财务经理开启保险柜。

步骤四：保险柜内物品的保管

每日终了，出纳应将未使用的空白支票（现金支票和转账支票）、印章等存入保险柜内；现金、其他有价证券、票据等应分类管理，登记在册，保证账实相符。

各种财务物品摆放时，应分别归类放置，其中票据、账簿放在最上一层，现金放在最下一层，如果有较多硬币，可先放入罐子中再放置保险柜内。

步骤五：保险柜的维护

保险柜在财务日常工作中非常重要。它不但能够防盗，还可以作为一种装饰。为了使保险柜保存得更好，必须对其进行必要的清洁与保养。

保险柜表面若有污渍，可使用干净抹布并蘸取少许清洁剂进行擦洗；伸出的门栓处和抽屉的滚轮处，可用少许润滑油（家用食用油也行）加以润滑；钥匙锁芯内注入少许铅笔芯粉末（石墨），可使钥匙插拔、转动更轻松。保险柜是一种防盗器具，如果在使用过程中倾注更多责任心和注意力，保险柜的防盗系数也会大大提高。

使用保险柜的注意事项

1. 转动机械密码锁时，需静心顺势缓转，切勿猛力旋转，同时记清方向及次数；

2. 设置密码时，最好保持在保险柜门打开的情况下，同时，密码设置完毕后，应多输入几次新密码，确认无误；

3. 切勿把说明书、应急钥匙锁入保险柜内；
4. 报警器使用时，对内部的各开关及电子元件，不要随意调整。

战术提升

2017 年 2 月 18 日，长风有限公司发生一起保险柜（见图 3-2-2）款项被盗案件，被盗资金 20 万元。经公安机关勘查现场的初步调查，2 月 18 日晚所有的门锁完好无损，无任何撬压痕迹，不法分子是用钥匙开门进入公司盗走款项，后经调查发现存在以下几种违规行为：

（1）18 日当日现金入库时，只有一名出纳严妍，同时拿着保险柜的 2 把钥匙，并一同放入自己的临时保险柜内，形成一人保管；

（2）该公司原出纳辞职，新出纳没有及时更换保险柜的密码。

请思考以上违规行为该如何避免，并且说明保险柜的维护方法。

图 3-2-2　保险柜 2

任务三　使用防伪点钞机

能够熟悉并灵活运用防伪点钞机。

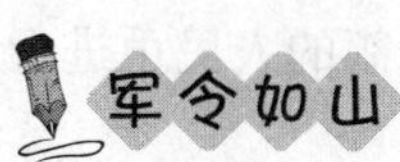

为提高工作效率和质量，新疆彭洪有限公司为财务部采购了点钞机，如图 3-3-1 所示，用于日常清点钞票和检验钞票真伪。

2017年2月18日，出纳张琳收到一笔现金款项，为若干张面额为100元、50元、20元的第五套人民币，如图3-3-2所示。会计主管王红要求张琳对这笔现金清点数量金额，并检验真伪。

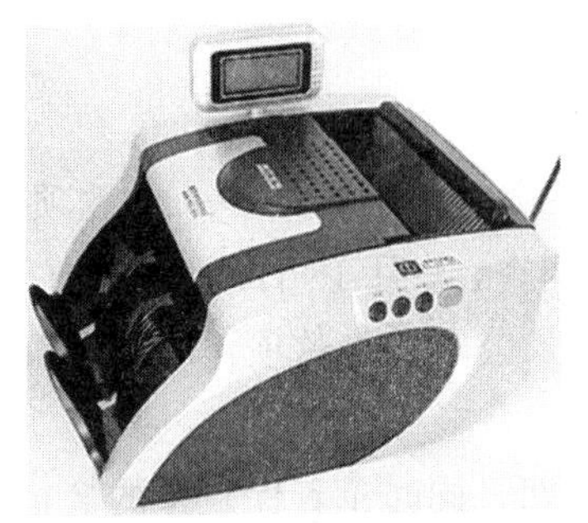

图3-3-1　点钞机

图3-3-2　真伪检验（样币示例）

点钞机，是一种具有自动清点钞票功能和防伪识别功能的机电一体化装置。随着现代科学技术的进步，伪钞制造水平日益提高，对辨别钞票真伪不断提出更新更高的要求，同时，出纳现金处理的工作日益繁重，功能齐全的智能点钞机成为不可或缺的设备。市场上点钞机类型多样，但国内点钞机生产都遵循2010年修订颁布的新版《人民币鉴别仪通用技术条件》（GB 16999—2010）强制性国家标准。

步骤一：开启点钞机

插上点钞机电源，打开开关键，使点钞机处于工作状态，如图3-3-3所示。同时，应把钞票整理好，码放整齐，做好点钞前准备工作。

步骤二：点钞

现在的智能点钞机进行点钞作业时，一般有以下几个模式。计数模式，该模式下可清点第五套5元及以上相同面额人民币的张数；混点模式，该模式下可一次性同时混合清点100元、50元、20元、10元、5元面额的人民币总张数；合计金额模式，该模式下可显示清点钞票张数以及金额总数。（通常将混点模式和合计金额模式统一为混点合计模式，实时显示所点纸币的合计总张数和总金额，并具备防伪功能）

出纳张琳清点收到的这笔现金时，可通过混点模式同时对不同面额的人民币进行张数清点，并通过合计金额模式计算总金额。

首先，点击“混点合计”功能键进入混点合计模式。

清点钞票前，先将钞票压紧后拍松再捻开，形成前低后高的斜面，平整放入喂钞台，如图3-3-4所示。

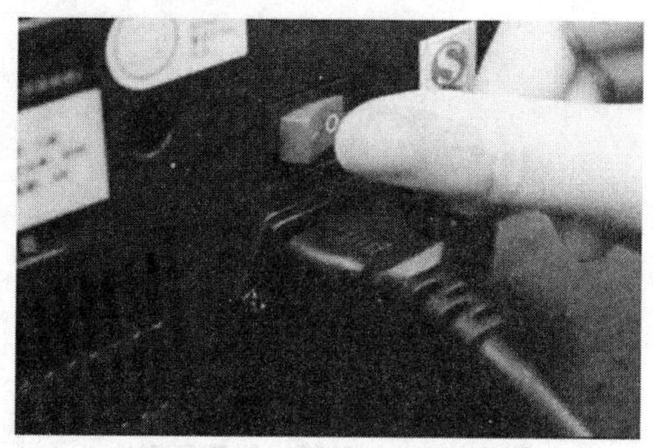

图 3-3-3 开启点钞机

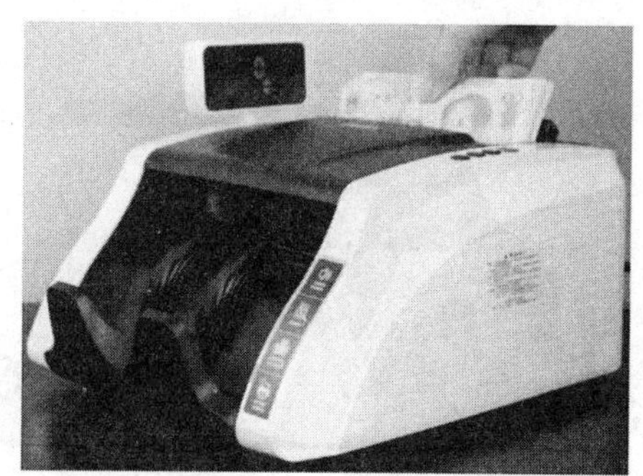

图 3-3-4 放钞

开始点钞操作时，为便于钞票分张以及下钞流畅，注意将钞票码放整齐再下钞，防止出现下双张、堆钞、拥塞等现象。

随着点钞机运作，逐渐松开握钞的手指，使钞票自第一张快速通过捻钞轮进入机器内，直至全部钞票通过后，清点完毕。点钞机屏幕实时显示清点张数与合计金额，且完毕后自动语音提示，如“29 张，合计金额 2585 元”，如图 3-3-5 所示。

步骤三：验钞

点钞机同时具备点钞和验钞两项主要功能，市面上的点钞机进行验钞时，可通过智能模式，专门用于清点、识别多种类型假币；或者混点合计模式，混点第五套 5 元以上不同面额人民币金额总数的情况下，同时进行钞票真伪鉴别。

验钞时，对于有问题的钞票，验钞机会停止转动，显示屏显示非正常数字同时语音提示，一般语音提示有两种“请注意这张是假币”以及“请注意这张纸币有疑问”。对于提出疑问的纸币，可能由于纸币有褶皱或者难以辨别真伪等问题，可再次通过验钞机检验。

验钞时，基本操作与点钞相同，首先，点击适合验钞模式的功能键，由于出纳张琳拿到现金为混合现金，且需要清点现金张数、合计金额同时检验真伪，所以这里选择点击“混点合计”功能键进入混点合计模式。

验钞前，采用同样方法将钞票平整放入喂钞台，使钞票依次快速进入捻钞轮；当出现假钞时，机器语音提示“请注意这张是假币”，屏幕同时出现非正常数字显示，如图 3-3-6 所示。取出假币，点击相关功能键（或全部取出已通过验钞的钞票），使点钞台上的其余钞票继续下钞，若再出现假钞，继续采取同样方法，直至所有钞票清点完毕。显示屏显示清点张数与合计金额，且自动语音提示，如“27 张，合计金额 2 385 元”。

图 3-3-5　点钞（样币示例）

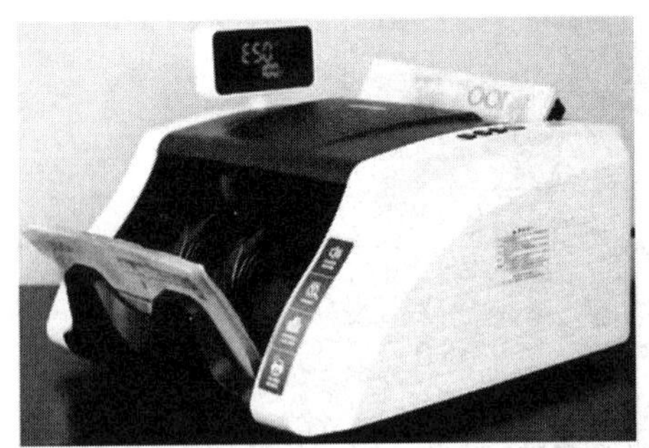

图 3-3-6　验钞（样币示例）

通常点钞机除具有智能模式、混点合计模式、计数模式外，还具有累加模式和预置模式等。累加模式，该模式下可以分批放入人民币，数值可累计；预置模式，该模式下可以在收钞口无纸币的情况下，自定义设置张数和合适金额，验钞机可根据预设要求点钞，该模式适用于发送工资等情况。

战术提升

请根据以上示范，准备若干钞票，使用防伪点钞机进行练习，体会技术要领。

任务四　使用电子支付密码器

瞄准靶心

能够使用支付密码器填写有关票据支付密码。

军令如山

2017 年 2 月 18 日，新疆彭洪有限公司出纳张琳需要填写一张现金支票，用于提取备用金，金额为 1 000 元。由于本公司在申请开立银行账户时，申请领取了支付密码器，如图 3-4-1 所示，所以出纳在填写票据基本信息后，如图 3-4-2 所示，还要填写支付密码。

图 3－4－1　支付密码器

中国工商银行
现金支票存根
No32145678
12345678

附加信息

出票日期：　　年　月　日

收 款 人：	新疆彭洪有限公司
金　　额：	¥1 000.00
用　　途：	提取备用金

单位主管：　　会计：
复核：　　记账：

本支票付款期限十天

中国工商银行 现金支票　　32145678
12345678

出票日期（大写）贰零壹柒年零贰月壹拾捌日 付款行名称：中国工商银行伊宁支行
收款人：新疆彭洪有限公司　　出票行账号：0200538827990088700

人民币（大写）	亿	千	百	十	万	千	百	十	元	角	分
壹仟元整					¥	1	0	0	0	0	0

用途：提取备用金　　密码：
上列款项请从
我账户内支付

新疆彭洪有限公司 财务专用章　　印 彭洪

出票人签章　　复核　　记账

图 3－4－2　现金支票 1

请完成票据支付密码的填写。

填写支票（包括现金支票、转账支票）、汇兑凭证（电汇、信汇凭证）、银行汇票申请书、银行本票申请书等票据时，经常需要填写一个支付密码。这个支付密码采用中国人民银行总行和国家商用密码管理委员会联合颁布的《支付密码器系统》标准要求，通过支付密码器自动生成。支付密码是通过支付密码器输入票据号码、金额、账号、日期等信息计算出一组 16 位密码，填写在票据上与印鉴结合作为付款依据。

使用支付密码，有如下优势：

保障单位资金安全

支付密码由高强度的加密算法计算得出，且通过产生支付密码的多层管理和自动核验等严密设计，最大限度保障用户和银行的资金安全

提高资金到账速度

只要付款银行在同城清算系统中运用支付密码技术，便可实现资金及时入账，缩短资金在途时间，提高资金利用率

加强单位财务管理

借助支付密码器提供的功能，存款人可以明确划分签发权限，防止内部人员作案；同时，可通过密码查询到详细票据签发记录，便于掌握财务动态

推动支票全国通用

有效地避免传统印鉴的弊端，提供有效的安全保护措施，从而使客户放心地签发和接收全国支票

有效遏制空头支票

检验支票真伪，同时也检定付款人的账户信息

步骤一：开启密码器

根据银行提供的密码器，右上角的红色按键是开机键，开启密码器时长按开机键即开机，如图 3-4-3 所示。

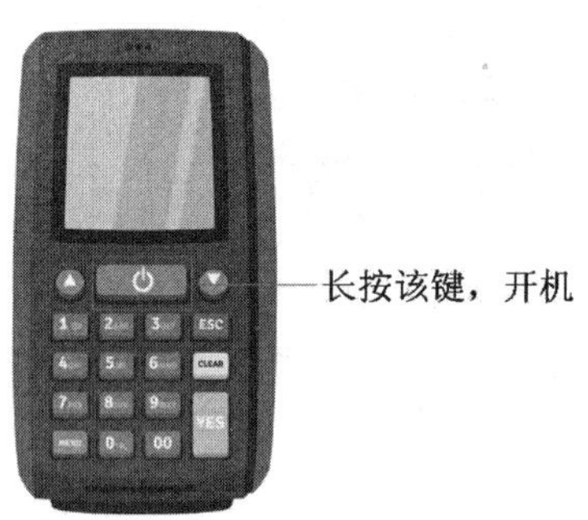

图 3-4-3　开户密码器

步骤二：选择操作人员

开机后，出现选择操作员界面，如图 3-4-4 所示，选择“1 签发人”点击确认键。有些支付密码器选择操作员界面有出纳 1、出纳 2、主管、法人、联机发行选项。

选择完操作人员“1 签发人”后进入密码界面，输入签发人 6 位密码，即出纳张琳的密码“012345”，如图 3-4-5 所示。

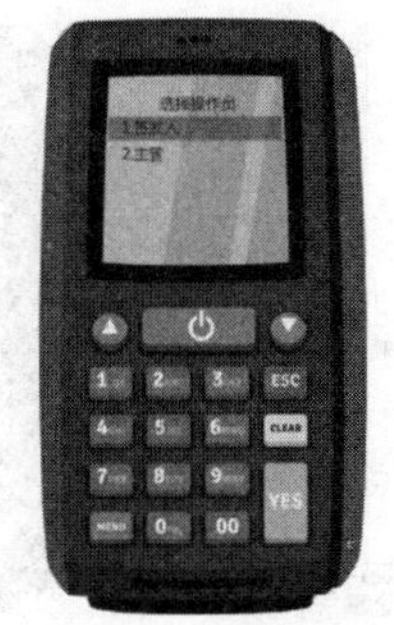

图 3-4-4 选择操作员

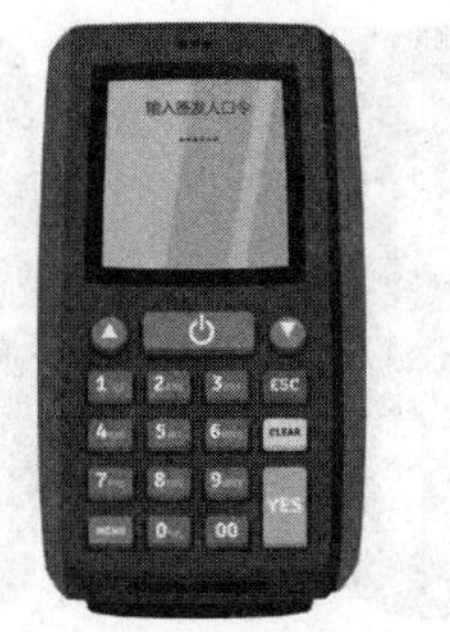

图 3-4-5 输入操作人员密码

步骤三：选择功能

进入功能选择界面，如图 3-4-6 所示，根据本业务要达到的目的进行选择，由于该项业务是签发现金支票提取备用金，所以选择“1 签发凭证”。

步骤四：选择签发人账号

选择签发人银行账号，即付款行账号“0200538827990088700”，同时点击确认键，如图 3-4-7 所示。

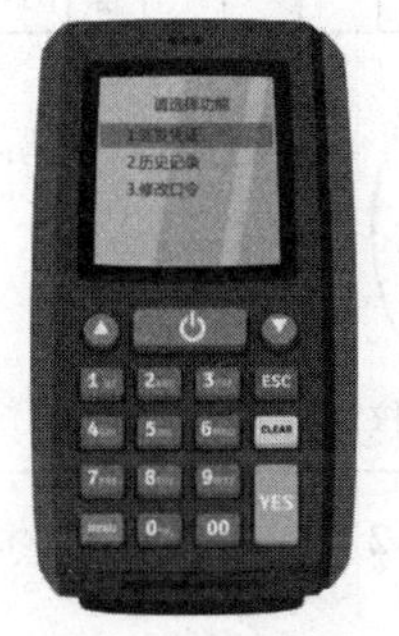

图 3-4-6 功能选择

图 3-4-7 选择签发人银行账号

步骤五：选择业务种类

进入业务种类选择界面，如图 3-4-8 所示，根据实际业务情况进行选择，由于该项业务是签发现金支票，所以选择“1 支票”。

步骤六：生成支付密码

进入输入凭证数据界面，如图 3-4-9 所示，按照提示要求输入签发日期、凭证号码、签发金额，即根据本张现金支付显示，输入日期“2017 年 2 月 18 日”，支票凭证号码为票据第二排 8 位数字“12345678”，签发金额“1000”。

填写完成后，点击右下方确认键，同时生成的一组 16 位支付密码就出来了，如图 3-4-10 所示。

图 3-4-8　选择业务种类

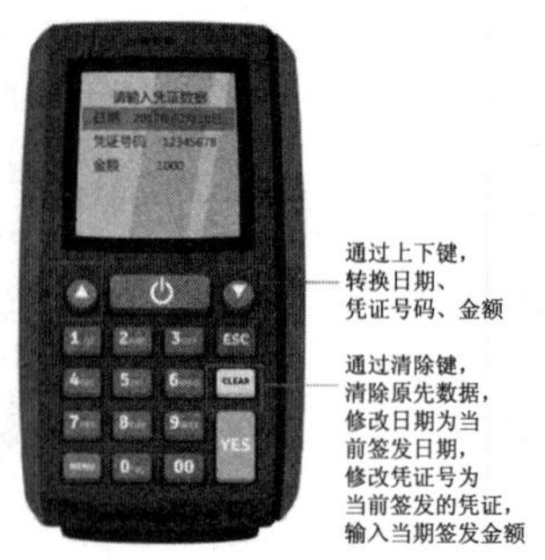

图 3-4-9　输入凭证数据

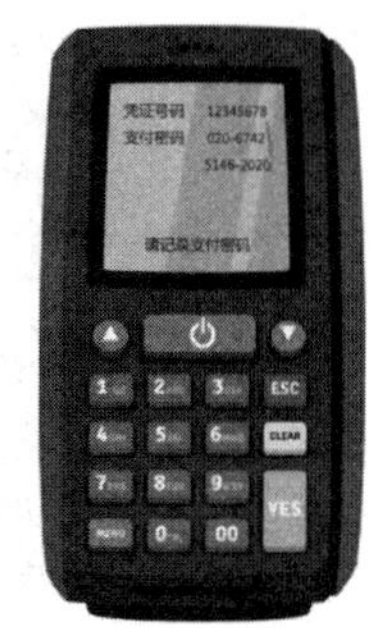

图 3-4-10　生成支付密码

将这 16 位密码“0202674251462020”，填写在现金支票对应位置即可，其中符号“-”不用填写，如图 3-4-11 所示。

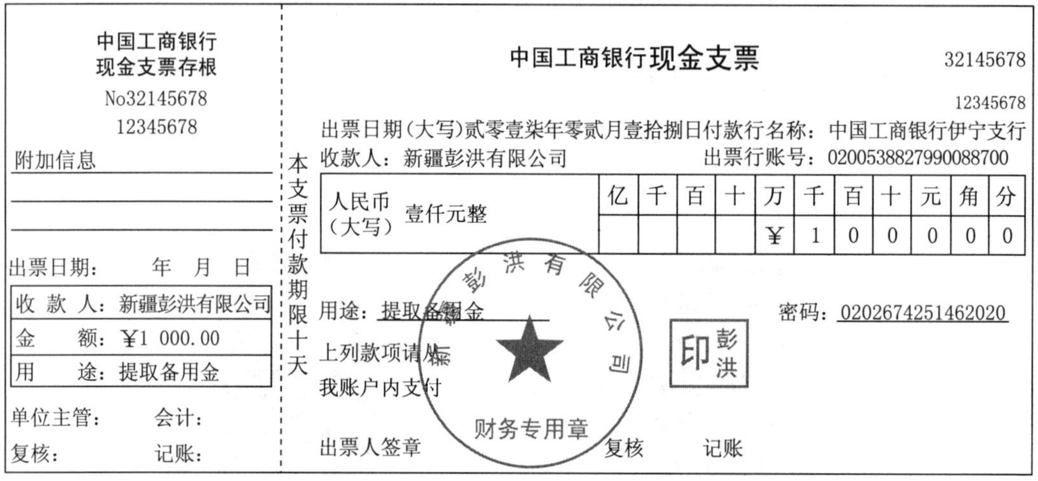

中国工商银行
现金支票存根
No32145678
12345678
附加信息

出票日期：　　年　月　日

收 款 人：	新疆彭洪有限公司
金　　额：	￥1 000.00
用　　途：	提取备用金

单位主管：　　会计：
复核：　　记账：

本支票付款期限十天

中国工商银行现金支票　　32145678
12345678
出票日期（大写）贰零壹柒年零贰月壹拾捌日付款行名称：中国工商银行伊宁支行
收款人：新疆彭洪有限公司　　出票行账号：0200538827990088700

人民币（大写）	壹仟元整	亿	千	百	十	万	千	百	十	元	角	分
						￥	1	0	0	0	0	0

用途：提取备用金　　密码：0202674251462020
上列款项请从
我账户内支付
出票人签章　　复核　　记账

（印章：新疆彭洪有限公司 财务专用章；印 彭洪）

图 3-4-11　现金支票 2

小贴士

> 将填有支付密码的票据到银行兑付时，银行柜员会将支付密码提交支付密码核验系统进行自动校验，核验正确自动提交到会计系统进行结算；若核算错误，则等同为印鉴不符办理退票。

战术提升

请根据以上示范，准备一张支票（包括现金支票、转账支票）或汇兑凭证（电汇、信汇凭证）或银行汇票申请书或银行本票申请书票据等，使用支付密码器练习操作，并填写票据支付密码。

项目四　现金出纳能做什么

任务一　办理现金提取业务

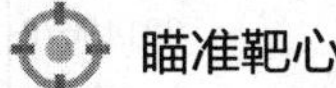

能够填写现金支票；

能够按照提现流程办理提现业务。

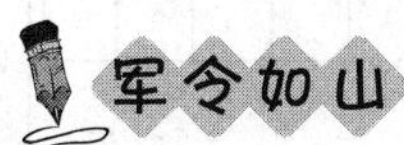

2017 年 2 月 18 日，由于公司备用金余额不足，新疆彭洪有限公司出纳张琳要到银行办理提现业务，以补足备用金定额，金额为 1 000 元。应如何办理这项提现业务呢？

企业信息

公司名称：新疆彭洪有限公司

法人代表：彭洪

纳税人识别号：486002726700686

地址：新疆省伊犁伊宁 5 号院 1631 室

电话：0999－83512376

开户行及账号：中国工商银行伊宁支行 0200538827990088700

企业日常经营活动中，常常需要提取现金。企业需要用现金发放工资或者当其库存现金小于定额等需要用现金的情况时，除了按规定可使用非业务性现金收入补充以及国家规定可以坐支的情况外，均应按规定从银行提取现金。而作为一名出纳，由于备用金、差旅费、发放工资等活动经常需要现金，办理提现业务是出纳的一项重要日常业务。

办理企业提现时，需要使用现金支票。现金支票是一种专门用于支取现金的票据。由存款人签发，用于到银行为本单位提取现金，也可以签发给其他单位和个人用来办理结算或者委托银行代为支付现金给收款人。

步骤一：申请领取现金支票

由于现金支票需要经领导签字审批后方可领取，所以在使用现金支票前，出纳应先向财务经理或者有关领导提出开具现金支票的申请。待批准后，领取空白现金支票，如图 4-1-1 所示，同时在现金支票使用簿上及时登记该支票的有关信息，包括领取日期、支票号码、用途、金额、领用人、备注等，做好现金支票的日常记录。出纳张琳填写这张现金支票的信息为：日期“2017 年 2 月 18 日”、支票号码“12345678”、用途“备用金”、金额“1 000 元”、领用人“张琳”，如表 4-1-1 所示。

中国工商银行
现金支票存根
No32145678
12345678
附加信息

出票日期：　年　月　日

收 款 人：
金　　额：
用　　途：

单位主管：　会计：
复核：　记账：

本支票付款期限十天

中国工商银行现金支票　32145678
12345678

出票日期(大写)　年　月　日　付款行名称：
收款人：　出票行账号：

人民币（大写）	亿	千	百	十	万	千	百	十	元	角	分

用途：　密码
上列款项请从
我账户内支付
出票人签章　复核　记账

图 4-1-1　现金支票 1

表 4-1-1　现金支票登记簿

日期	购入支票号码	使用支票号码	领用人	金额	用途	备注
20170205		23466778	张琳	800	备用金	
20170218		12345678	张琳	1000	备用金	

开具现金支票前，出票人必须查验银行存款余额是否大于支票的开具金额，即出票人所签发的支票金额必须在银行存款账户余额以内，不准签发超出银行存款账户余额的空头支票，否则，将给公司带来不必要的损失。

步骤二：签发现金支票

现金支票的填写规范如下：

出票日期：支票联的出票日期必须使用中文大写。为防止变造票据的出票日期，在填写月、日时，月为壹、贰和壹拾的，日为壹至玖和壹拾、贰拾和叁拾的，应在其前加“零”；日为拾壹至拾玖的，应在其前加“壹”字。票据出票日期使用小写填写的，银行不予受理；大写日期未按要求规范填写的，银行不予受理，由此造成的损失，由出票人自行承担。结算凭证上的日期可以使用小写填写。

支票联的收款人：应为公司名称或个人，如实填写。

支票联的金额填写：中文大写金额数字应用正楷或行书填写，如壹、贰、叁、肆、伍、陆、柒、捌、玖、拾、佰、仟、万、亿、元、角、分、零、整（正）等字样；小写金额应用阿拉伯数字且均应填写人民币符号“¥”。

用途：现金支票的主要用途有提取备用金、提取工资或提取差旅费等。注意：现金支票需在正反两面同时加盖企业财务专用章和企业法人章（即银行预留印鉴）。

支票的存根联也应如实填写相关信息。

(1) 填写现金支票。根据现金支票的填写要求与实际业务情况填写本张现金支票，日期为“贰零壹柒年零贰月壹拾捌日”，支票联的收款人为“新疆彭洪有限公司”，支票联的金额填写“壹仟元整”，用途为“提取备用金”。填制完成的支票样式如图 4-1-2 所示。

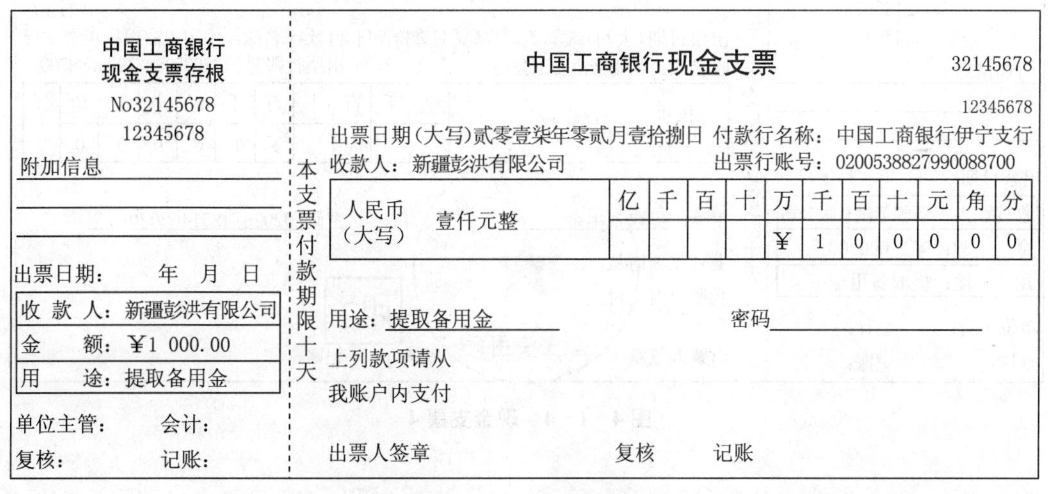
中国工商银行
现金支票存根
No32145678
12345678
附加信息
出票日期：　年　月　日
收 款 人：新疆彭洪有限公司
金　　额：¥1 000.00
用　　途：提取备用金
单位主管：　会计：
复核：　记账：

本支票付款期限十天

中国工商银行现金支票　32145678
12345678
出票日期(大写)贰零壹柒年零贰月壹拾捌日　付款行名称：中国工商银行伊宁支行
收款人：新疆彭洪有限公司　出票行账号：0200538827990088700

人民币（大写）	壹仟元整	亿	千	百	十	万	千	百	十	元	角	分
						¥	1	0	0	0	0	0

用途：提取备用金　密码
上列款项请从
我账户内支付
出票人签章　复核　记账

图 4-1-2　现金支票 2

(2) 审批盖章。现金支票填写完成后，应审批盖章，在支票“出票人签章”处清晰准确地加盖企业的财务专用章和法人章，如图 4-1-3 所示。

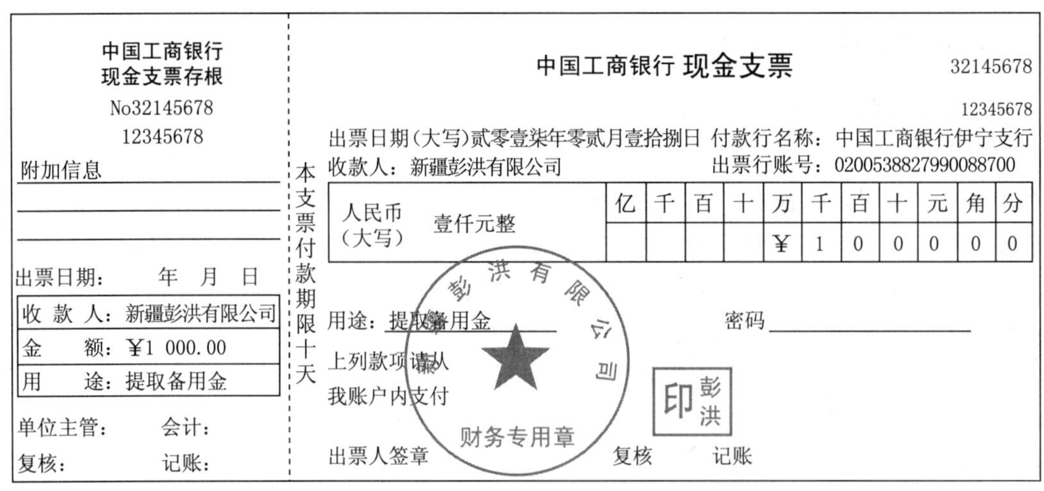

中国工商银行
现金支票存根
No32145678
12345678
附加信息
出票日期：　年　月　日
收 款 人：新疆彭洪有限公司
金　　额：￥1 000.00
用　　途：提取备用金
单位主管：　会计：
复核：　记账：

本支票付款期限十天

中国工商银行 现金支票　32145678
12345678
出票日期(大写)贰零壹柒年零贰月壹拾捌日 付款行名称：中国工商银行伊宁支行
收款人：新疆彭洪有限公司 出票行账号：0200538827990088700

人民币（大写）	壹仟元整	亿	千	百	十	万	千	百	十	元	角	分
						￥	1	0	0	0	0	0

用途：提取备用金　密码
上列款项请从
我账户内支付
出票人签章　复核　记账

图 4-1-3　现金支票 3

（3）生成支付密码。由于银行是依据预留印鉴和支付密码将现金交给持票人，所以在银行办理提现业务前，应使用支付密码器生成票据的支付密码，如图 4-1-4 所示。此时，需注意，这个支付密码最好到银行柜台再填写在支票上，防止密码泄露，威胁到企业的财产物资安全。

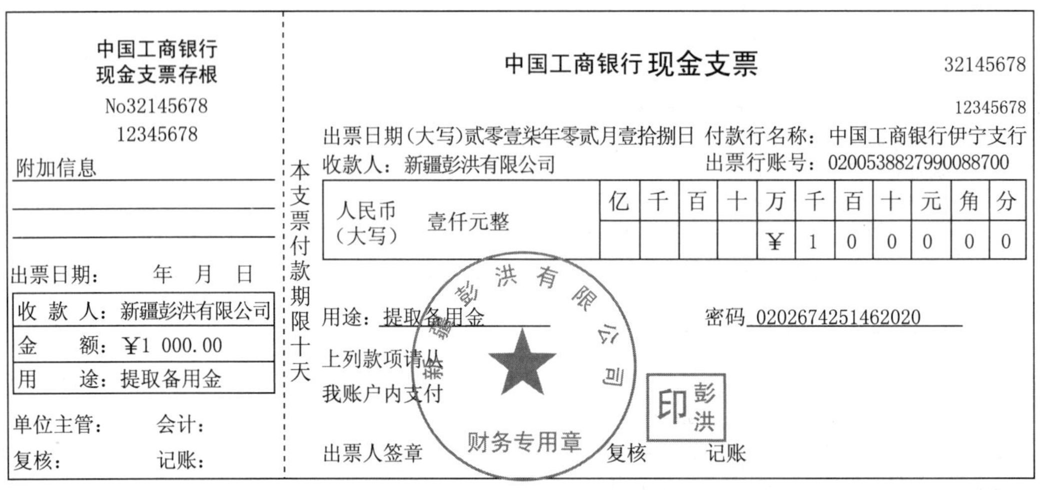

中国工商银行
现金支票存根
No32145678
12345678
附加信息
出票日期：　年　月　日
收 款 人：新疆彭洪有限公司
金　　额：￥1 000.00
用　　途：提取备用金
单位主管：　会计：
复核：　记账：

本支票付款期限十天

中国工商银行 现金支票　32145678
12345678
出票日期(大写)贰零壹柒年零贰月壹拾捌日 付款行名称：中国工商银行伊宁支行
收款人：新疆彭洪有限公司 出票行账号：0200538827990088700

人民币（大写）	壹仟元整	亿	千	百	十	万	千	百	十	元	角	分
						￥	1	0	0	0	0	0

用途：提取备用金　密码 0202674251462020
上列款项请从
我账户内支付
出票人签章　复核　记账

图 4-1-4　现金支票 4

步骤三：提取现金

开具完成的现金支票，其存根联留于企业，作为会计做账的依据；出纳应持支票联（正联）到银行办理提现。先将现金支票交给银行有关人员进行审核，由银行经办人员对支票进行审核，核对密码，待审核无误后，按照规定的付款手续支付支票金额的现金。提现业务即办理完毕。

收到银行支付的现金后，现场应立刻核对金额是否一致，检验现金真伪，确认无误后，应将现金妥善保管，及时带回公司。

战术提升

2017 年 2 月 20 日，新疆彭洪有限公司出纳张琳根据当日现金支出的需要，要到银行办理提现业务，提取备用金 800 元。请你描述办理这项提现业务的流程，并结合上述新疆彭洪有限公司开户行的基本信息以及具体业务情况填写现金支票的信息，如图 4－1－5所示。

中国工商银行
现金支票存根
No32145678
12345678

附加信息

出票日期：　年　月　日

收 款 人：
金　　额：
用　　途：

单位主管：　会计：
复核：　记账：

本支票付款期限十天

中国工商银行现金支票　32145678
12345678

出票日期（大写）　年　月　日　付款行名称：
收款人：　出票行账号：

人民币（大写）	亿	千	百	十	万	千	百	十	元	角	分

用途：　密码

上列款项请从
我账户内支付

出票人签章　复核　记账

图 4－1－5　现金支票（空白）

任务二　办理现金收款业务

能够开具收款收据；

能够办理现金收款业务。

2017 年 2 月 18 日，新疆彭洪有限公司出纳张琳收到员工李磊退回的多余差旅费 80 元。那么应如何办理这项现金收款业务呢?

企业信息

公司名称：新疆彭洪有限公司

法人代表：彭洪

纳税人识别号：486002726700686

地址：新疆省伊犁伊宁 5 号院 1631 室

电话：0999－83512376

开户行及账号：中国工商银行伊宁支行 0200538827990088700

出纳在日常工作中经常接触到现金收款业务，如内部员工退还的预借差旅费、收取罚款、收取押金、收取零售款等。办理现金收款业务时，一定要谨慎认真，识别现金的真伪、核实现金收入的情况。

现金收款业务的流程一般为：

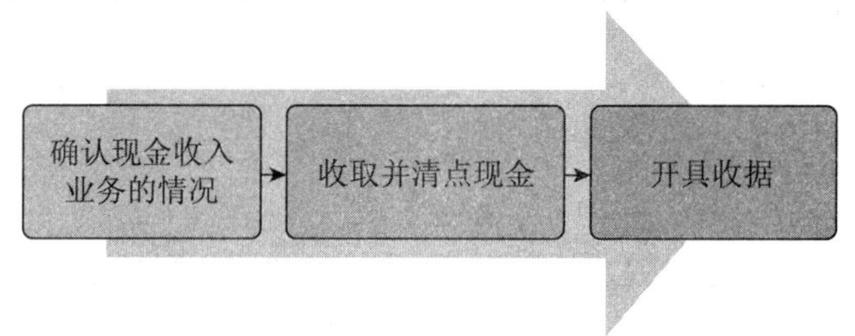

图 4－2－1　现金收款业务流程

步骤一：确认现金收入业务的情况

办理现金收款前，出纳应核对与之相关的业务信息是否真实、合法，确认现金收入的来源，确定收款金额、明确付款人、确定收入现金的性质（收到销售或劳务性质的收入、收回代付、代垫及其他应付款等）。

出纳张琳收到这笔款项时，应了解该笔现金涉及的业务情况，按照上述方法确认这笔现金的金额 80 元、付款人李磊，且根据业务的经济内容确认该笔收入属于内部员工退还的预借差旅费。

清楚收入的金额和来源，确认无误后，可收取款项。若发现问题，应拒收款项并要求其改正或者重新办理。

步骤二：收取并清点现金

出纳收取款项，并应当场清点现金，检验现金真伪。在清点过程中应冷静沉着，若发现短缺、假钞等特殊问题，应由经办人负责。

步骤三：开具收据

收据是重要的原始凭证，与日常所说的“白条”不同。在实际企业使用中，收据可在市场上购买或者企业根据需要自行设计。

一般收据应包括的要素有开具日期、收取现金的原因和事由、收款金额和方式、签名及盖章。收据一般分为两联或三联，第一联为存根联，出纳留存；第二联为收据联，交交款人作为收款证明；第三联为记账联，交会计做账。

清点现金完毕后，根据业务情况开具收据或证明，有些业务可不开具收据。

（1）填写收据。出纳根据收到的现金填写收款收据，其中，日期为收到现金的日期“2017 年 2 月 18 日”；事由和金额在“今收到”后填写“李磊退还的多余预借差旅费 80 元”；人民币（大写）后填写中文大写金额“零拾零万零仟零佰捌拾零元零角零分”，小写金额“￥80.00”，收款方式选择“现金”，如图 4－2－2 所示。

收　据

2017 年 2 月 18 日　　NO. 0405086

今收到　李磊退还的多余预借差旅费 80 元

金额（大写）　⊗零万零仟零佰捌拾零圆零角零分

￥80.00　☑ 现金　☐ 支票　☐ 转账　☐ 其他　收款单位（盖章）

第一联　存根联

负责人：　会计：　出纳：张琳　记账：

图 4－2－2　收据 1（第一联）

（2）签名并盖章。在收据上签名，且在第二联收据联盖财务专用章，交交款人李磊；在第三联会计联，盖现金收讫章，交会计人员记账，如图 4－2－3、图 4－2－4 所示。

收　据

2017 年 2 月 18 日　　No. 0405086

今收到　李磊退还的多余预借差旅费 80 元

金额（大写）⊗零万零仟零佰捌拾零圆零角零分

¥80.00　☑ 现金 □ 支票 □ 转账 □ 其他　收款单位（盖章）

新疆彭洪有限公司 财务专用章

第二联 收据联

负责人：　会计：　出纳：张琳　记账：

图 4－2－3　收据 2（第二联）

收　据

现金收讫

2017 年 2 月 18 日　　No. 0405086

今收到　李磊退还的多余预借差旅费 80 元

金额（大写）⊗零万零仟零佰捌拾零圆零角零分

¥80.00　☑ 现金 □ 支票 □ 转账 □ 其他　收款单位（盖章）

第三联 会计联

负责人：　会计：　出纳：张琳　记账：

图 4－2－4　收据 3（第三联）

战术提升

2017 年 2 月 18 日，新疆彭洪有限公司出纳张琳收到员工李磊上交的无故旷工罚款 150 元。请你描述张琳办理这项收款业务的流程，并开具收据，如图 4－2－5 所示。

收　据

年　月　日　　No. 0405086

今收到 ____________________

____

金额（大写）⊗万 仟 佰 拾 圆 角 分

¥______　□现金 □支票 □转账 □其他　经手人盖章

第一联 存根联

负责人：　会计：　出纳：　记账：

图 4-2-5　空白收据

任务三　办理现金送存业务

瞄准靶心

能够填写现金缴款单。

能够办理现金送存业务。

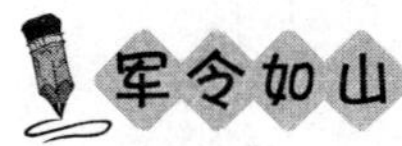

新疆彭洪有限公司开户银行规定的库存限额为 1 000 元，2017 年 2 月 18 日，出纳张琳按规定将当日收入的全部现金，超过库存现金限额部分的 3 000 元存入银行。

其中，3 000 元中包括 15 张 100 元的票币、8 张 50 元的票币、25 张 20 元的票币、30 张 10 元的票币、50 张 5 元的票币、50 张 1 元的票币。

张琳应如何办理现金送存业务呢？

企业信息

公司名称：新疆彭洪有限公司

法人代表：彭洪

纳税人识别号：486002726700686

地址：新疆省伊犁伊宁 5 号院 1631 室

电话：0999－83512376

开户行及账号：中国工商银行伊宁支行 0200538827990088700

根据国家有关规定，凡是独立核算的企业，都必须在当地银行开设账户。企业开设银行账户后，除按银行规定的库存现金限额可保留一定的库存现金外，超过限额的现金都必须存入银行。开户单位收入现金必须于当日送存银行，若有困难的，由企业确定送存时间。

按照《现金管理暂行条例》及实施细则规定，库存限额是由基本户开户行按照 3～5 天日常零星开支所需现金确定要求核定的，为保证企业日常支付需要而按规定允许留存的现金的最高额度。对于边远地区和交通不便地区的开户单位，其库存现金限额的核定天数可以适当放宽在 5 天以上，但最多不得超过 15 天的日常零星开支的需要量。库存现金限额每年核定一次，经核定的库存现金限额，开户单位必须严格遵守。

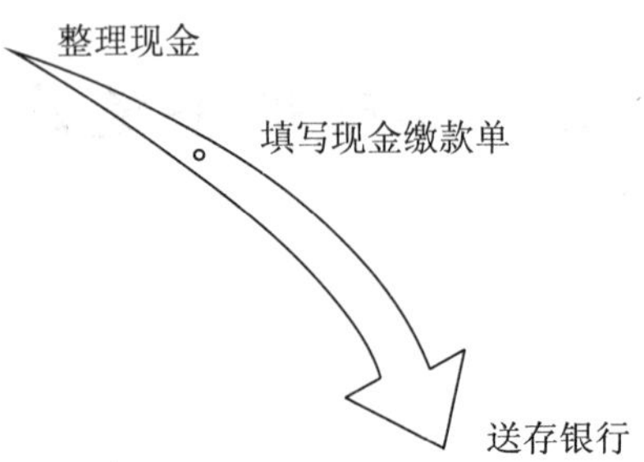

图 4-3-1　办理银行存现的流程

步骤一：整理现金

在去银行办理送存之前，出纳应整理现金。整理现金时，应先对现金归类整理，按照币种、面额大小不同整理并清点。

现金整理的方法：

1. 纸币应按照面额分类：100 元、50 元、10 元、5 元、2 元和 1 元以及 5 角、2 角、1 角。

2. 纸币：打开铺平，按币别分类，每 100 张为一把，用纸条和橡皮筋箍好，每 10 把扎成一捆，如 100 元券的纸币一把即为 10 000 元，一捆即为 100 000 元；不满 100 张的，从大到小平摊摊放。铸币：按币别，同一币别每 100 枚为一卷，用纸包紧卷好，每十卷为一捆。

步骤二：填写现金缴款单

现金缴款单是单位去银行（本单位或其他单位的银行账户）办理存现时，必须填写的凭证。不同银行使用的该张凭证名称、格式可能有所不同，但主体内容基本相同。

一般一式两联，第一联为回单，银行加盖相关印章后退给单位；第二联为银行的记账凭证，加盖现金收讫章或业务清讫章订入传票。现金缴款单填写的主要项目包括日期、单位全称、银行开立账号、款项来源、金额等。

整理完现金后，需填写现金缴款单才可在银行办理存现业务。

日期，办理当天的日期“2017 年 2 月 18 日”；

单位全称，“新疆彭洪有限公司”；

账号，单位在银行开立的账号“0200538827990088700”；

开户行，“中国工商银行伊宁支行”；

款项来源，按照款项的实际来源填写，这里为“营业额”；

金额，中文大写金额与小写金额一致，分别为“叁仟元整”、“￥3 000.00”；

券别，按照所交现金面额的种类分别统计，填写不同票面的数量，这里经出纳统计后，“壹佰元”的 15 张、“五十元”的 8 张、“二十元”的 25 张、“十元”的 30 张、“五元”的 50 张、“一元”的 50 张。如图 4－3－2 所示。

中国工商银行现金缴款单（回单）

2017年02月18日

<table>
<tr><td rowspan="2">交款单位</td><td>全称</td><td colspan="4">新疆彭洪有限公司</td><td>款项来源</td><td>营业额</td></tr>
<tr><td>账号</td><td>0200538827990088700</td><td>开户银行</td><td colspan="2">中国工商银行伊宁支行</td><td>交款部门</td><td>财务部</td></tr>
<tr><td colspan="6" rowspan="2">人民币（大写）叁仟元整</td><td colspan="2">十 | 万 | 千 | 百 | 十 | 元 | 角 | 分</td></tr>
<tr><td colspan="2">　| ￥ | 3 | 0 | 0 | 0 | 0 | 0</td></tr>
<tr><td>券别</td><td>壹佰元</td><td>伍拾元</td><td>贰拾元</td><td>拾元</td><td>伍元</td><td>壹元</td><td rowspan="4">（银行盖章）
收款　复核</td></tr>
<tr><td>张数</td><td>15</td><td>8</td><td>25</td><td>30</td><td>50</td><td>10</td></tr>
<tr><td>券别</td><td>伍角</td><td>贰角</td><td>壹角</td><td>伍分</td><td>贰分</td><td>壹分</td></tr>
<tr><td>张数</td><td></td><td></td><td></td><td></td><td></td><td></td></tr>
</table>

图 4－3－2　中国工商银行现金缴款单 1

步骤三：送存银行

填写完毕后，将现金和现金缴款单一并送交银行，由银行柜员收款办理存款手续，确认无误后，将加盖银行章的现金缴款单回单联（见图 4－3－3）返还给出纳，出纳将办理完毕的现金缴款单拿回，交企业会计人员做账。

中国工商银行现金缴款单（回单）

2017年02月18日

交款单位	全称	新疆彭洪有限公司					款项来源	营业额							
	账号	0200538827990088700	开户银行	中国工商银行伊宁支行			交款部门	财务部							
人民币（大写）叁仟元整							十	万	千	百	十	元	角	分	
								¥	3	0	0	0	0	0	
券别	壹佰元	伍拾元	贰拾元	拾元	伍元	壹元	（银行盖章）中国工商银行伊宁支行 2017.02.18 转讫								
张数	15	8	25	30	50	10									
券别	伍角	贰角	壹角	伍分	贰分	壹分	收款 复核								
张数															

图 4-3-3 中国工商银行现金缴款单 2

战术提升

2017 年 2 月 20 日，新疆彭洪有限公司出纳张琳按规定将当日收入的全部现金，超过库存现金限额部分的 2 360 元存入银行。其中，2 360 元中包括 22 张 100 元的票币、2 张 50 元的票币、1 张 20 元的票币、1 张 10 元的票币、5 张 5 元的票币、5 张 1 元的票币。

请你结合上述新疆彭洪有限公司基本信息以及具体业务情况，填写现金缴款单，如图 4-3-4 所示，并描述张琳办理这项现金送存业务的流程。

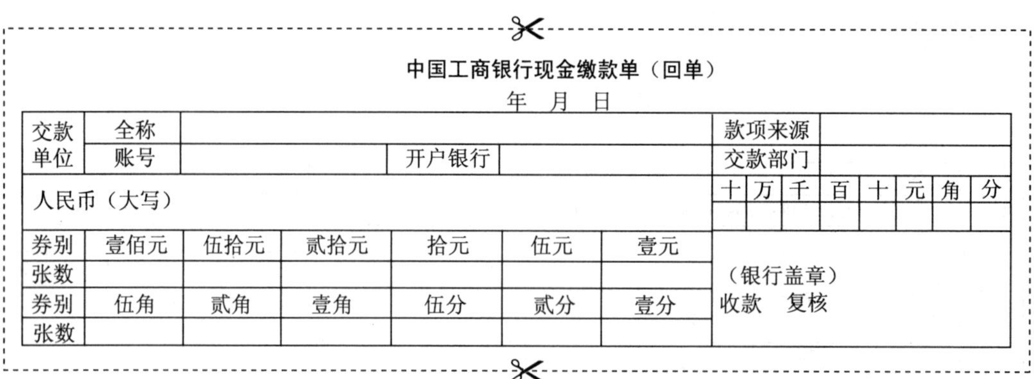

中国工商银行现金缴款单（回单）

年 月 日

交款单位	全称						款项来源							
	账号		开户银行				交款部门							
人民币（大写）							十	万	千	百	十	元	角	分
券别	壹佰元	伍拾元	贰拾元	拾元	伍元	壹元	（银行盖章）							
张数														
券别	伍角	贰角	壹角	伍分	贰分	壹分	收款 复核							
张数														

图 4-3-4 中国工商银行现金缴款单（空白）

任务四 办理借款、报销业务

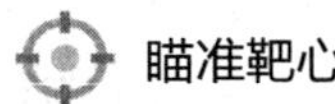

瞄准靶心

能够办理借款业务；

能够办理报销业务。

军令如山

2017 年 2 月 18 日，新疆彭洪有限公司采购部门职员李磊到北京出差，填写了借款单，如图 4－4－1 所示，预借差旅费 1 000 元，出纳张琳收到借款单以现金支付。

借 款 单

2017年2月18日

借款部门	采购部		借款人		李磊		结算期限	2017年2月25日	
借款事由及金额	本人因 部门业务 需要，特向公司申请借款 ¥ 1 000.00 人民币（大写）壹仟元整　　，并保证专款专用。 借款人：李磊　　借款日期：2017年2月18日								
部门领导	刘贤								
分管领导审批			会计核准			出纳审批		总经理审批	
备注：1. 借款金额参照规定额度；2. 逾期不还，公司有权从工资中扣除。									

图 4－4－1　借款单

2017 年 2 月 23 日，李磊出差回来，持报销单（图 4－4－2）到财务部报销差旅费 780 元，退回现金 220 元。报销单后于左上方处按照金额大小均匀排列两张火车票，如图 4－4－3 所示。

差旅费报销单

填报日期：2017年02月23日　　　　附单据2张

部门		采购部门						出差事由	北京出差				
出差人		李磊		职务		职员							
出发				到达				交通工具	车船机费	目的地发生费用			
月	日	时	地点	月	日	时	地点			天数	住宿费	市内交通费	差旅费
2	18	13：55	新疆	2	19	20：22	北京	火车票	350.00				
2	22	20：55	北京	2	23	13：22	新疆	火车票	430.00				
小计									780.00				
报销金额（大写）		人民币柒佰捌拾元整						（小写）		¥780.00			

领款人签字：　　财务审核：　　财务部经理：　　总经理：

部门负责人：黎萍　　分管领导：王洪　　主管财务副总：　　出纳付讫：

图 4－4－2　差旅费报销单

图 4-4-3　报销单背面

那么，具体该如何办理李磊的借款业务与报销业务呢?

企业现金支出的业务类型中，经常包含因预借差旅费、零星采购费等而发生的员工借款业务，出纳必须掌握办理员工借款业务的能力。

出纳人员在支付员工借款前，应审核员工填写的借款单，如审核是否有相关人员的签字，借款金额大小写是否一致等；审核无误后，给员工支付现金，并注意当面点清金额。

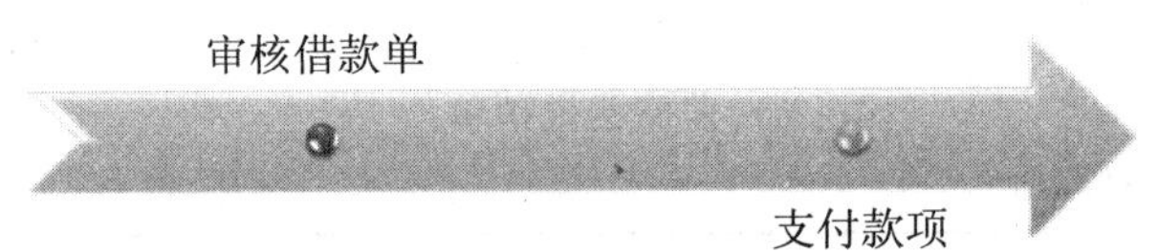

图 4-4-4　出纳办理借款业务流程

步骤一：审核借款单

借款单为企业自制单据，由借款人填写后交出纳审核付款，填写时需填写完整并办理各项审批手续。填写的内容主要包括借款日期、借款部门、姓名、借款事由、借款金额以及签字；同时借款人在填写完后，应找有关领导审批签字。

出纳审核员工借款业务而发生的借款单时，根据本企业借款制度，审核借款单内容是否填写完整、规范，手续是否齐全。借款日期“2017 年 2 月 18 日”，为借款日准确日期；部门“采购部门”，正确；姓名“李磊”，为借款人真实姓名；事由“因部门业务需要”，简洁明了写明借款原因；借款金额“1 000”，经查阅本公司最高借款额度为 5 000 元，符合借款金额规定，同时大小写数额规范、正确；经过相关人员的审批，符合借款流程。

步骤二：支付款项

审核无误后，出纳应当场清点现金，支付给借款人；同时出纳签字、确认付款，如图 4-4-5 所示。

<table>
<tr><td colspan="8">借 款 单
2017年2月18日
现金付讫</td></tr>
<tr><td>借款部门</td><td>采购部</td><td>借款人</td><td>李磊</td><td colspan="2">结算期限</td><td colspan="2">2017年2月25日</td></tr>
<tr><td>借款事由及金额</td><td colspan="7">本人因 部门业务 需要，特向公司申请借款￥1 000.00
人民币（大写）壹仟元整 ，并保证专款专用。
借款人：李磊 借款日期：2017年2月18日</td></tr>
<tr><td>部门领导</td><td colspan="7">刘贤</td></tr>
<tr><td>分管领导审批</td><td></td><td>会 计
核 准</td><td></td><td>出 纳
审 批</td><td>张琳</td><td>总经理
审 批</td><td></td></tr>
<tr><td colspan="8">备注：1. 借款金额参照规定额度；2. 逾期不还，公司有权从工资中扣除。</td></tr>
</table>

图 4-4-5 借款单（现金付讫）

步骤三：审核报销单

报销业务是企业在日常经营活动中经常发生的，报销单是企业内部自制单据、形式多样。报销单一般用于直接费用的报销，包括差旅费、招待费、办公用品费等。出纳收到报销单审核时，依据企业规定的报销标准，审核要素是否完整、手续是否完备、附件是否合法、金额是否合理等。一般，报销的有关票据粘贴在报销单后面，当票据过多时，可用专门的粘贴单或者直接用未填写信息的报销单背面粘贴，但必须要在正面画上个大叉，表示正面作废。

员工报销日期为“2017 年 2 月 23 日”，在报销时间内；附件“2 张”，根据报销单后的粘贴附件为 2 张火车票，并审核这两张附件与报销单填写内容、金额是否一致，反映经济业务是否真实合法，附件的粘贴是否规范；报销人“李磊”；报销人所属部门，“采购部门”；报销项目，根据该张报销单，可以看出，报销原因为北京出差；差旅费报销金额为“780”，大小写金额书写正确无误，且符合企业规定的报销标准 5 000 元；同时大小写数额规范、正确；经过相关人员审批，符合报销流程。

审核报销单应注意的问题

1. 审核报销单时，应避免出现的问题包括：报销单后所附发票，不是开给本公司的；所报销的项目与所附票据表明的经济业务不匹配；

2. 审核报销单后粘贴的票据时，需注意粘贴的票据应在封面和托纸之内或平齐，若票据过大，可按封面大小进行折叠；同种凭证数量过多时，应按照相同的报销单据金额、类型等归类，相同的尽量张贴在一起，从左到右、从上到下均匀排列，并按照金额大小进行排列；同时还应注意报销票据在粘贴时，要确保审核人能够完全清楚地审阅到报销金额及票据信息。

步骤四：确认、签章

一般情况下，出纳将报销单审核无误后按照确定支付的金额支付给报销人，并让其当面清点款项金额并在领款人处签字确认。出纳在报销单上签字，盖付讫章。

报销单审核无误后，出纳签字、加盖付讫章，如图 4-4-6 所示。

差旅费报销单　　现金付讫

填报日期：2017年02月23日　　附单据2张

<table>
<tr><td colspan="3">部门</td><td colspan="5">采购部门</td><td>出差事由</td><td colspan="5">北京出差</td></tr>
<tr><td colspan="3">出差人</td><td>李磊</td><td colspan="2">职务</td><td colspan="2">职员</td><td></td><td colspan="5"></td></tr>
<tr><td colspan="4">出发</td><td colspan="4">到达</td><td rowspan="2">交通工具</td><td rowspan="2">车船机费</td><td colspan="4">目的地发生费用</td></tr>
<tr><td>月</td><td>日</td><td>时</td><td>地点</td><td>月</td><td>日</td><td>时</td><td>地点</td><td>天数</td><td>住宿费</td><td>市内交通费</td><td>差旅费</td></tr>
<tr><td>2</td><td>18</td><td>13:55</td><td>新疆</td><td>2</td><td>19</td><td>20:22</td><td>北京</td><td>火车票</td><td>350.00</td><td></td><td></td><td></td><td></td></tr>
<tr><td>2</td><td>22</td><td>20:55</td><td>北京</td><td>2</td><td>23</td><td>13:22</td><td>新疆</td><td>火车票</td><td>430.00</td><td></td><td></td><td></td><td></td></tr>
<tr><td></td><td></td><td></td><td></td><td></td><td></td><td></td><td></td><td></td><td></td><td></td><td></td><td></td><td></td></tr>
<tr><td></td><td></td><td></td><td></td><td></td><td></td><td></td><td></td><td></td><td></td><td></td><td></td><td></td><td></td></tr>
<tr><td></td><td></td><td></td><td></td><td></td><td></td><td></td><td></td><td></td><td></td><td></td><td></td><td></td><td></td></tr>
<tr><td></td><td></td><td></td><td></td><td></td><td></td><td></td><td></td><td></td><td></td><td></td><td></td><td></td><td></td></tr>
<tr><td colspan="9">小计</td><td>780.00</td><td></td><td></td><td></td><td></td></tr>
<tr><td colspan="4">报销金额（大写）</td><td colspan="5">人民币柒佰捌拾元整</td><td>（小写）</td><td colspan="4">¥780.00</td></tr>
</table>

领款人签字：　　财务审核：　　财务部经理：　　总经理：

部门负责人：黎萍　　分管领导：王洪　　主管财务副总：　　出纳付讫：张琳

图 4-4-6　差旅费报销单（付讫）

同时，由于这里是借款人预借差旅费且退回多余款，出纳应收回多余款 220 元，清点退回现金并开具收据，如图 4-4-7 所示。

收 据

现金收讫

2017 年 2 月 23 日 No. 0405086

今收到 李磊退还的多余预借差旅费 220 元

金额（大写） ⊗零万零仟贰佰贰拾零圆零角零分

¥220.00 ☑现金 □支票 □转账 □其他 收款单位（盖章）

第一联 存根联

负责人： 会计： 出纳： 记账：

图 4-4-7 收据

注意，若借款人预借差旅费且垫付款时，借款人报销出纳应支付给借款人垫付的这部分款项。在差旅费报销单上，签字、盖章后，按照报销单上表明的垫付金额及有关凭证，支付对应金额的现金给借款人，借款人清点无误后，在报销单上签字确认收款。

战术提升

2017 年 2 月 18 日，新疆彭洪有限公司行政部门职员王婷购买办公用品，填写了借款单，如图 4-4-8 所示，出纳张琳收到借款单以现金支付。

<table>
<tr><td colspan="8">借 款 单
2017年2月18日</td></tr>
<tr><td>借款部门</td><td>行政部</td><td colspan="2">借款人</td><td colspan="2">王婷</td><td>结算期限</td><td>2017年2月25日</td></tr>
<tr><td>借款事由及金额</td><td colspan="7">本人因 购买办公用品 需要，特向公司申请借款¥ 1 000.00
人民币（大写）壹仟元整 ，并保证专款专用。
借款人：王婷 借款日期：2017年2月18日</td></tr>
<tr><td>部门领导</td><td colspan="7">刘贤</td></tr>
<tr><td>分管领导审批</td><td></td><td>会 计 核 准</td><td></td><td>出 纳 审 批</td><td></td><td>总经理 审 批</td><td></td></tr>
<tr><td colspan="8">备注：1. 借款金额参照规定额度；2. 逾期不还，公司有权从工资中扣除。</td></tr>
</table>

图 4-4-8 王婷借款单

2017 年 2 月 20 日，王婷持报销单（见图 4-4-9）及背后粘贴的购买发票（见图 4-4-10），到财务部报销购买用品 1 070 元，垫付现金 70 元。

费用报销单

部门：行政部 制单人：王婷 填报日期：2017 年 2 月 20 日 项目名称：购买办公用品

<table>
<tr><td>报销内容摘要</td><td>费用项目</td><td>发生金额</td><td>附件张数</td><td>备注</td></tr>
<tr><td>—</td><td>交通费</td><td>—</td><td></td><td></td></tr>
<tr><td>王婷购买办公用品</td><td>办公用品</td><td>1 070.00</td><td>1</td><td></td></tr>
<tr><td>—</td><td>招待费</td><td>—</td><td></td><td></td></tr>
<tr><td></td><td></td><td></td><td></td><td></td></tr>
<tr><td></td><td></td><td></td><td></td><td></td></tr>
<tr><td></td><td></td><td></td><td></td><td></td></tr>
<tr><td colspan="4">合计：¥ 1 070.00 元</td><td>其中：冲账¥ 1 000 元</td></tr>
<tr><td colspan="4">合计（大写）：人民币壹仟零柒拾元整</td><td>付现¥____元</td></tr>
</table>

领款人签字：王婷 账务审核：李林 账务部经理：张明 总经理：王浩

部门负责人：陈超 分管领导：杨亚军 主管财务副总：蔡林华 出纳付讫：

图 4-4-9 费用报销单

广州省工商企业统一发票

发　票　联

发票代码　23917685456283

发票号码　2345654

客户名称：新疆彭洪有限公司　　　　2017年02月18日填发

品名规格	单位	数量	单价	超过百万元无效	金额								备注
					十	万	千	百	十	元	角	分	
36开软抄本	本	100	0.70						7	0	0	0	现金支付
水性笔	支	200	2.00					4	0	0	0	0	
回型针	盒	50	2.00					1	0	0	0	0	
A4打印纸	包	20	25.00					[illegible]	0	0	0	0	
合计金额（大写）	壹仟零柒拾元整			小写合计			1	0	7	0	0	0	
说明	①本发票为裁剪式。大写栏填写的仟位和佰位金额必须与剪票栏剪下的金额一致，否则为无效发票。②发票联发生裁剪错误，应作废，并全套保存。												

第二联：发票联（顾客报销凭证）

广州市××文具批发部　发票专用章

开票人：　　　　收款人：李小华　　　　业户名称（盖章）

发标查询：1.网站：www.×××××cov.cn 2.手机短信：FF发票代码 发票号码 开票单位税务登记号，发送到07551234

图 4-4-10　发票

任务五　清查现金

瞄准靶心

能够办理现金清查业务；

能够填制现金盘点表。

2017 年 2 月 28 日，新疆彭洪有限公司进行现金清查。清查工作由出纳张琳、盘点人李磊共同执行，会计主管王红监盘。现金清查结果如下：

（1）现金实存数 607.34 元，现金日记账账存数 932.10 元；

（2）经查，现金盘亏无法查明原因，经领导批准，由出纳偿付。

那么，出纳张琳是如何办理现金清查业务的呢？

现金清查的基本方法是实地盘点库存现金实有数，再与现金日记账余额进行核对，看是否相符。

步骤一：盘点库存现金实有数

在盘点人李磊的监督下，出纳张琳应打开保险柜，取出现金及相关的票证，现金应保证整理整齐，确定现金实有数。经盘点，现金实存数为 607.34 元。

步骤二：账实核对

现金清查中，如果发现账实不符，应立刻查找原因。这里，账实不符指的是盘点的库存现金实有数与现金日记账的余额，核对金额不符。核对不符，应查找原因是现金盘点的错误还是现金日记账登记错误等，并进行处理。

将实地盘点的库存现金实有数，与现金日记账账面余额进行核对，看余额是否相符。经核对，现金日记账账存数 932.10 元，现金实存数 607.34 元，账实不相符，现金盘亏。账实不符，立刻查找原因，经查，原因不明，属于出纳工作失职，按照公司制度，由其进行偿付。

步骤三：编制现金盘点表

在现金盘点表上，列明现金账存数、实存数和差异金额及原因，如图 4－5－1 所示，并及时上报有关负责人，同时由出纳、盘点人、会计负责人签字。

现金盘点表

单位名称：新疆彭洪有限公司

盘点时间：2017 年 2 月 28 日　　币别：人民币

实存金额	账存金额	盘点结果		备注（原因）
		盘盈	盘亏	
607.34	932.10		324.76	出纳失职
现金使用情况	（1）库存现金限额； （2）白条抵库情况； （3）违反规定的现金支出情况； （4）其他违反行为。			
处理决定： 出纳赔偿短缺的款项				

盘点人：李磊　　监盘人：王红　　出纳：张琳

图 4－5－1　现金盘点表

现金清查中，如果发现账实不符，应立刻查找原因，及时更正，不得以今日长款弥补他日短款。

战术提升

2017年1月30日，长风有限公司进行现金清查。清查工作由出纳严妍、盘点人张毅共同执行，会计主管江白监盘。现金清查结果如下：

(1) 现金实存数2300元，现金日记账账存数2000元；

(2) 经查，现金盘盈系少付给和平有限公司款项。

请你描述处理这项现金清查业务的流程，编制现金盘点表，如图4-5-2所示。

现金盘点表

单位名称：

盘点时间：　　　　　　　　　　　　　　　　　　　　币别：

<table>
<tr><td rowspan="2">实存金额</td><td rowspan="2">账存金额</td><td colspan="2">盘点结果</td><td rowspan="2">备注（原因）</td></tr>
<tr><td>盘盈</td><td>盘亏</td></tr>
<tr><td></td><td></td><td></td><td></td><td></td></tr>
<tr><td></td><td></td><td></td><td></td><td></td></tr>
<tr><td></td><td></td><td></td><td></td><td></td></tr>
<tr><td>现金使用情况</td><td colspan="4">(1) 库存现金限额；
(2) 白条抵库情况；
(3) 违反规定的现金支出情况；
(4) 其他违反行为。</td></tr>
<tr><td colspan="5">处理决定：</td></tr>
</table>

盘点人：　　　　　　　　监盘人：　　　　　　　　出纳：

图4-5-2　现金盘点表（空白）

项目五　银行出纳能做什么

任务一　管理银行结算账户

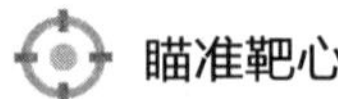

瞄准靶心

能够办理开立银行账户；

能够办理变更银行账户。

军令如山

2017 年 1 月 1 日，新疆彭洪有限公司由于业务结算需要到中国工商银行伊宁支行申请开立一般存款账户。

1 月 8 日，由于本公司年初发生人事变动（见图 5－1－1），需要到中国工商银行伊宁支行变更其基本存款账户。

新疆彭洪有限公司

通知〔2017〕5号

人事变动通知

新疆彭洪有限公司总经理 彭洪 同志因为工作调动，任命 李云 同志担任该经理（或者法人）。

新疆彭洪有限公司

2017年1月5日

图 5－1－1　人事变动通知

对于以上银行结算账户的管理，新疆彭洪有限公司的出纳张琳该如何依次办理呢？

按照《支付结算办法》的规定，除在规定范围内的款项可使用现金直接支付，其余都应通过银行账户办理存款、取款、转账等各项结算业务。同时按照国家现行规定，凡是独立核算的企业必须在当地银行设立独立的银行账户。

企业的银行账户类型一般有：

（1）基本存款账户。该账户为企业办理日常转账结算和现金收付的账户，工资、奖金等现金的支取只能通过本账户办理。企业必须开立基本存款账户，且只能选择一个银行的一个营业机构开立一个基本存款账户，否则不能开立其他账户。

（2）一般存款账户。企业开立的一般存款账户，可办理转账交易，同时也可以代扣款项，如代扣税款等，但不可以支取现金。同一家银行机构不能同时开立基本户和一般户。

（3）临时存款账户。企业在异地办理临时性经营活动的时候，需要开立临时存款账户。一般情况下与一般存款账户功能相同，有效期一般不得超过两年。

（4）专用存款账户是存款人按照法律、行政法规和规章，对其特定用途资金进行专项管理和使用而开立的银行结算账户。

步骤一：开立银行存款账户

企业需要开立银行账户时，应按照银行开立银行账户的一般流程办理，一般为：

填写开户申请书；

向银行提供开户所需资料，交其审核；

银行审核通过，发放开户许可证或领卡并收回返还的资料。

（1）准备材料。在去银行办理开户前，出纳应提前给银行打电话说明情况，同时银行会告知需要携带的资料。出纳张琳给其开户银行中国工商银行打电话咨询开立一般存款账户事宜，根据银行服务电话提示，张琳应首先登录中国工商银行官网，选择“企业服务—单位客户开户”进行网上预约，通过网页提示以及短信通知了解到一般存款账户开户需提供资料有：

企业法人营业执照正本、组织机构代码证正本、税务登记证正本、开立基本存款账户的证明文件、基本存款账户开户许可证，公司负责人和经办人的身份证（授权他人办理，还应提供被授权人身份证及授权书），以上资料均需正本及复印件，同时由于新疆彭洪有限公司的业务结算需要而申请开立一般存款账户，还应出具有关证明。

对单位各类结算账户的管理遵守中国人民银行颁布的《人民币银行结算账户管理办法》，申请开立时，提交的资料有所差异，应提前向银行电话咨询，以其告知的需要携带的资料为准。申请开立一般存款账户，应向中国工商银行相关网点出具存款人开立基本存款账户所规定的证明文件、基本存款账户开户许可证和下列文件：

因向银行借款需要开立的一般存款账户，应出具借款合同；

因其他结算需要开立的一般存款账户，应出具有关证明。

(2) 填制开立申请书。出纳张琳到银行办理开户业务时，首先排队、领表，领取并填写银行开户申请书一式三份，结算账户管理补充协议两份，预留密码申请表一份，印鉴卡一式三份。如图 5-1-2、图 5-1-3 所示。注意：以上领取并填写的表格全部需要加盖公章。

中国工商银行<u>　伊宁青年街　</u>分行开立单位银行结算账户申请书

<table>
<tr><td>存款人名称</td><td colspan="3">新疆彭洪有限公司</td><td>电话</td><td>0999－83512376</td></tr>
<tr><td>地址</td><td colspan="3">新疆省伊犁伊宁 5 号院 1631 室</td><td>邮编</td><td>835000</td></tr>
<tr><td rowspan="3">组织结构代码</td><td rowspan="3">48822145－3</td><td rowspan="3">法定代表人
或负责人</td><td>姓名</td><td colspan="2">彭洪</td></tr>
<tr><td>证件种类</td><td colspan="2">身份证</td></tr>
<tr><td>证件号码</td><td colspan="2">654002198004052945</td></tr>
<tr><td>上级法人或
主管单位名称</td><td colspan="5"></td></tr>
<tr><td rowspan="3">上级法人或主管
单位组织机构代码</td><td rowspan="3"></td><td rowspan="3">法定代表人
或负责人</td><td>姓名</td><td colspan="2"></td></tr>
<tr><td>证件类型</td><td colspan="2"></td></tr>
<tr><td>证件号码</td><td colspan="2"></td></tr>
<tr><td>账户性质</td><td colspan="5">基本存款账户（　　）　　一般存款账户（√）
专用存款账户（　　）　　临时存款账户（　　）</td></tr>
<tr><td>证明文件种类</td><td colspan="3">营业执照</td><td>证明文件编号</td><td>110104003926772</td></tr>
<tr><td>地税登记证号</td><td colspan="3">558645380</td><td>国税登记证号</td><td>01465681</td></tr>
<tr><td>经营范围</td><td colspan="5">商贸企业</td></tr>
<tr><td>关联企业名称</td><td colspan="5"></td></tr>
<tr><td colspan="6">以下栏目由开户银行审核后填写</td></tr>
<tr><td>开户银行名称</td><td colspan="5"></td></tr>
<tr><td>存款人账号</td><td colspan="3"></td><td>有效日期</td><td>至　年　月　日</td></tr>
<tr><td>开户核准号</td><td colspan="5"></td></tr>
<tr><td colspan="4">本存款人申请开立银行结算账户，承兑所提供的开户资料真实、有效，如有伪造、篡作，承担法律责任。

法定代表人或负责人（签章）　　单位（公章）
2017 年 1 月 1 日</td><td colspan="2">开户银行审核意见：
同意存款人开立　　存款账户。

经办人（签章）　开户银行（业务公章）
年　月　日</td></tr>
<tr><td>中国人民银行核准意见</td><td colspan="5">（中国人民银行账户管理专用章）

年　月　日</td></tr>
</table>

填写说明：

1. 开立临时存款账户，有效日期必须填列。

2. 本书一式三份，其中：一份存款人留存，一份开户银行留存，一份由开户银行报送中国人民当地分支行（不需中国人民银行核准的账户除外）。

图 5－1－2　银行结算账户申请书

银行结算账户管理协议

甲方（存款人）：新疆彭洪有限公司

乙方（开户银行）：中国工商银行伊宁青年街支行

根据《人民币银行结算账户管理办法》和甲方提出的申请，乙方同意为甲方开立一般存款账户，户名为：新疆彭洪有限公司，账号为：9558 8215 1000 0014418。

为明确双方的责任，现签订协议如下：

第一条 甲乙双方承诺遵守《支付结算办法》《人民币银行结算账户管理办法》《现金管理暂行条例》等有关法律法规、规章制度办理所有支付结算业务。

第二条 甲方向乙方陈述和保证如下：

1. 其保证所供资料的真实性、合法性、完整性；
2. 本协议自签订之日起对其构成有约束力的义务。

第三条 乙方向甲方陈述和保证如下：

1. 其是一家依法设立并有效存续的金融机构；
2. 其有权进行本协议规定的交易，并已采取所有必要的公司和法律行为（包括获得所有必要的政府批准）授权签订和履行本协议；
3. 本协议自签订之日起对其构成有约束力的义务。

第四条 甲方的义务

1. 按照《人民币银行结算账户管理办法》的要求提供相关开户资料；
2. 按规定使用银行结算账户；
3. 开户资料变更时在规定的期限内及时通知银行；
4. 按规定使用支付结算工具；
5. 按规定支付服务费用；
6. 及时与乙方核对账务；
7. 销户应交回开户登记证、各种重要空白票据和结算凭证；
8. 按照《人民币银行结算账户管理办法》的规定及时办理开户资料的变更手续或账户的撤销；
9. 甲方自行承担因违反人民银行的有关规定和未正确履行上述义务造成的资金损失。

第五条 乙方的义务

1. 及时准确办理支付结算业务；
2. 依法保障甲方的资金安全；
3. 及时与甲方核对账务；
4. 因违反上述义务给甲方造成损失的，按照人民银行有关规定及有关法律法规承担责任。

第六条 协议的解除

甲方在没有违反本协议的情况下可以随时申请销户，乙方在为甲方办理销户手续后，双方的权利义务关系解除。

第七条　违约责任

任何一方如果违反本协议而使另一方遭受损失，则另一方有权要求该方予以赔偿。

第八条　保密

乙方对因本次协议而获知的甲方的有关资料负有保密义务，不得向有关其他第三方泄露，但中国现行法律、法规另有规定的或经另一方书面同意的除外。

第九条　补充与变更

本协议可根据各方意见进行书面修改或补充，由此形成的补充协议，与协议具有相同法律效力。

第十条　不可抗力

任何一方因有不可抗力致使全部或部分不能履行本协议或迟延履行本协议，应自不可抗力事件发生之日起15日内，将事件情况以书面形式通知另一方，并自事件发生之日起30日内，向另一方提交导致其全部或部分不能履行或迟延履行的证明。

第十一条　争议的解决

1. 在合同履行过程中发生争议，可以通过协商解决；协商不成的，甲乙双方向甲所在地人民法院起诉。

2. 在诉讼或仲裁期间，本协议不涉及争议部分的条款仍继续履行。

第十二条　后继立法

除法律本身有明确规定外，后继立法（本协议生效后的立法）或法律变更对本协议不应构成影响。各方应根据后继立法或法律变更，经协商一致对本协议进行修改或补充，但应采取书面形式。

第十三条　生效条件

本协议经甲方法定代表人（负责人）或授权代理人签字并加盖公章及乙方负责人或授权代理人签字并加盖公章后生效。按照有关规定账户开立需要人民银行核准的，本协议经甲方法定代表人（负责人）或授权代理人签字并加盖公章及乙方负责人或授权代理人签字并加盖公章且经人民银行核准后生效。

第十四条　其他

本协议一式 2 份，具有相同法律效力。各方当事人各执 1 份，其他用于履行相关法律手续。

甲方（盖章）：　　　　　　　　乙方（盖章）：

法定代表人（签字）：彭洪　　　　法定代表人（签字）：

2017 年 01 月 01 日　　　　2017 年 01 月 01 日

图 5-1-3　结算账户管理协议

甲方（存款人）名称应为单位名称，按照社保登记时的单位名称填写；甲方的法定代表人，填写营业执照上法定代表人或负责人姓名；甲方签章时，为单位公章，其法定代表人填写营业执照上法定代表人或负责人姓名。

（3）将开立申请书及相关资料交银行柜台。将开立申请书及相关资料交银行柜台，由银行对开户单位进行核实，开立备案类银行结算账户，通过人民银行结算账户管理系统进行备案。银行工作人员给出账号，设置账号密码后，领卡即可，同时保存银行退给的申请书、协议书、客户预留印鉴卡各一份，以及返还所提供的原件，一般存款账户便开立完毕。

步骤二：变更银行存款账户

由于企业不断发展、变化，银行账户也随之发生相应的改变，需要及时办理银行结算账户的变更。通常是指存款人名称、单位法定代表人或主要负责人、住址以及其他开户资料的变更。

（1）准备所需资料。变更银行账户为法人代表时，需要的资料包括新营业执照、组织结构代码证、国、地税的税务登记证、开户许可证、法人授权书、新法人及代办人的身份证、新旧印鉴卡、公章、财务章及法人私章等。

（2）填写变更银行结算账户申请书。填写变更银行结算账户申请书如图 5－1－4 所示。

变更银行结算账户申请书

<table>
<tr><td colspan="2">存款人名称</td><td colspan="4">新疆彭洪有限公司</td></tr>
<tr><td colspan="2">开户银行结构代码</td><td colspan="2"></td><td>账号</td><td>85674321</td></tr>
<tr><td colspan="2">账户性质</td><td colspan="4">基本（√）　专用（　）　一般（　）　临时（　）　个人（　）</td></tr>
<tr><td colspan="2">开户许可证核准号</td><td colspan="4">123456789987</td></tr>
<tr><td colspan="6">变更事项及变更后内容如下：</td></tr>
<tr><td colspan="2">账户名称</td><td colspan="4"></td></tr>
<tr><td colspan="2">地址</td><td colspan="4"></td></tr>
<tr><td colspan="2">邮政编码</td><td colspan="4"></td></tr>
<tr><td colspan="2">电话</td><td colspan="4"></td></tr>
<tr><td colspan="2">注册资金金额</td><td colspan="4"></td></tr>
<tr><td colspan="2">证明文件种类</td><td colspan="4"></td></tr>
<tr><td colspan="2">证明文件编号</td><td colspan="4"></td></tr>
<tr><td colspan="2">经营范围</td><td colspan="4"></td></tr>
<tr><td rowspan="3">法定代表人或单位负责人</td><td>姓名</td><td colspan="4">李云</td></tr>
<tr><td>证件种类</td><td colspan="4">身份证</td></tr>
<tr><td>证件号码</td><td colspan="4">61011319700123</td></tr>
<tr><td colspan="2">关联企业</td><td colspan="4">变更后的关联企业信息填列在“关联企业登记表”中</td></tr>
<tr><td colspan="2">上级法人或主管单位的基本存款账户核准号</td><td colspan="4"></td></tr>
<tr><td colspan="2">上级法人或主管单位的名称</td><td colspan="4"></td></tr>
<tr><td rowspan="3">上级法人或主管单位法定代表人或单位负责人</td><td>姓名</td><td colspan="4"></td></tr>
<tr><td>证件种类</td><td colspan="4"></td></tr>
<tr><td>证件号码</td><td colspan="4"></td></tr>
<tr><td colspan="2">本存款人申请变更上述银行结算账户内容，并承诺所提供的开户资料真实、有效，如有伪造、欺诈，承担法律责任。

存款人（签章）
2017年1月8日</td><td colspan="2">开户银行审核意见：
同意存款人开立　存款账户。

经办人（签章）
开户银行（业务公章）
年　月　日</td><td colspan="2">人民银行核准意见

经办人（签章）
开户银行（业务公章）
年　月　日</td></tr>
</table>

图 5-1-4　变更银行结算账户申请书

（3）提交申请表审核。提交一式三联的申请书以及有关开户资料，共同交开户银行办理变更。开户银行审核无误后，录入变更信息，并将相关资料报送中国人民银行。

战术提升

2017 年 1 月 8 日，若长风有限公司由于业务规模扩大，经营场地发生了变动，由新疆省伊宁市五里桥一街 68 号变更为新疆省伊宁市阿合买提江街 55 号，此时到银行变更其基本存款账户时，请描述申请变更的流程并填写变更银行结算账户申请书，如图 5－1－5 所示。

变更银行结算账户申请书

<table>
<tr><td colspan="2">存款人名称</td><td colspan="3"></td></tr>
<tr><td colspan="2">开户银行结构代码</td><td></td><td>账号</td><td></td></tr>
<tr><td colspan="2">账户性质</td><td colspan="3">基本（ ） 专用（ ） 一般（ ） 临时（ ） 个人（ ）</td></tr>
<tr><td colspan="2">开户许可证核准号</td><td colspan="3"></td></tr>
<tr><td colspan="5">变更事项及变更后内容如下：</td></tr>
<tr><td colspan="2">账户名称</td><td colspan="3"></td></tr>
<tr><td colspan="2">地址</td><td colspan="3"></td></tr>
<tr><td colspan="2">邮政编码</td><td colspan="3"></td></tr>
<tr><td colspan="2">电话</td><td colspan="3"></td></tr>
<tr><td colspan="2">注册资金金额</td><td colspan="3"></td></tr>
<tr><td colspan="2">证明文件种类</td><td colspan="3"></td></tr>
<tr><td colspan="2">证明文件编号</td><td colspan="3"></td></tr>
<tr><td colspan="2">经营范围</td><td colspan="3"></td></tr>
<tr><td rowspan="3">法定代表人或单位负责人</td><td>姓名</td><td colspan="3"></td></tr>
<tr><td>证件种类</td><td colspan="3"></td></tr>
<tr><td>证件号码</td><td colspan="3"></td></tr>
<tr><td colspan="2">关联企业</td><td colspan="3"></td></tr>
<tr><td colspan="2">上级法人或主管单位的基本存款账户核准号</td><td colspan="3"></td></tr>
<tr><td colspan="2">上级法人或主管单位的名称</td><td colspan="3"></td></tr>
<tr><td rowspan="3">上级法人或主管单位法定代表人或单位负责人</td><td>姓名</td><td colspan="3"></td></tr>
<tr><td>证件种类</td><td colspan="3"></td></tr>
<tr><td>证件号码</td><td colspan="3"></td></tr>
<tr><td colspan="2">本存款人申请变更上述银行结算账户内容，并承兑所提供的开户资料真实、有效，如有伪造、敲诈，承担法律责任。

存款人（签章）
年 月 日</td><td>开户银行审核意见：
同意存款人开立 存款账户。

经办人（签章）
开户银行（业务公章）
年 月 日</td><td colspan="2">人民银行核准意见：

经办人（签章）
开户银行（业务公章）
年 月 日</td></tr>
</table>

图 5－1－5 变更银行结算账户申请书（空白）

任务二　办理支票结算业务

瞄准靶心

能够办理支票出票业务；

能够办理支票进账业务。

2017 年 2 月 18 日，新疆彭洪有限公司向万友有限公司签发一张 35 100 元的转账支票（见图 5－2－1），用于归还前欠货款。

中国工商银行 转账支票存根 No32145678 12345678	本支票付款期限十天	中国工商银行转账支票　　32145678 12345678
附加信息		出票日期(大写)　　年　月　日　　付款行名称： 收款人：　　　　　　　　　　出票行账号：
出票日期：　　年　月　日		人民币（大写）　亿 千 百 十 万 千 百 十 元 角 分
收　款　人：		用途：　　　　　　密码
金　　额：		上列款项请从
用　　途：		我账户内支付
单位主管：　　会计： 复核：　　记账：		出票人签章　　　复核　　记账

图 5－2－1　转账支票

同日，收到长风股份有限公司签发的一张转账支票正联（见图 5－2－2），归还前欠的货款 40 000 元。

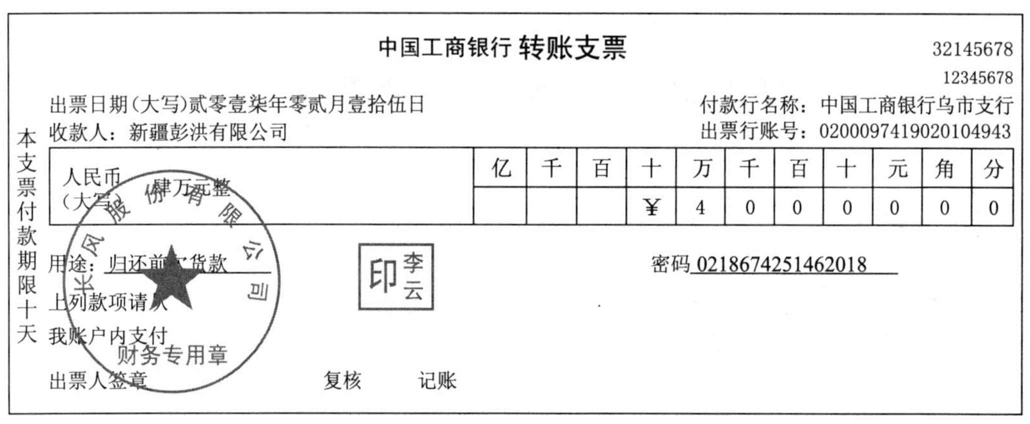

中国工商银行 转账支票　32145678

12345678

出票日期(大写)贰零壹柒年零贰月壹拾伍日　付款行名称：中国工商银行乌市支行

收款人：新疆彭洪有限公司　出票行账号：0200097419020104943

本支票付款期限十天

人民币（大写）肆万元整	亿	千	百	十	万	千	百	十	元	角	分
				¥	4	0	0	0	0	0	0

用途：归还前欠货款　密码 0218674251462018

上列款项请从

我账户内支付

长风股份有限公司 财务专用章　印 李云

出票人签章　复核　记账

图 5－2－2　长风有限公司转账支票

由出纳张琳办理这两笔业务。

企业信息

公司名称：新疆彭洪有限公司

法人代表：彭洪

开户行及账号：中国工商银行伊宁支行 0200538827990088700

公司名称：万友有限公司

法人代表：万友

开户行及账号：中国工商银行平宁分行 0200538827990088711

公司名称：长风股份有限公司

法人代表：李云

开户行及账号：中国工商银行乌市支行 0200097419020104943

支票是由出票人签发的，委托办理支票存款业务的银行在见票时无条件支付确定的金额给收款人或持票人的票据。签发的支票金额，不得超出其在付款人处的存款金额；若支票金额高于存款金额，银行将拒付（即称为空头支票，出票人需负法律责任）。

按照支付票款的方式，支票可分为普通支票、现金支票、转账支票。普通支票可以转账和支取现金；而现金支票只能用于支取现金；转账支票只能用于转账。

步骤一：签发转账支票

签发支票时，应按照《支付结算办法》和《正确填写票据和结算凭证的基本规定》记载。绝对记载的事项，包括表明“支票”字样；无条件支付的委托；确定的金额；付款人名称（支票的付款人为支票上记载的出票人的开户银行）；出票日期；出票人签章。相对应记载事项，付款地（未记载付款地的，则付款地为付款人的营业场所）；出票地（未记载出票地的，则出票人的营业场所、住所、经常居住地为出票地）。非法定记载事项，为支票的用途；合同编号；约定的违约金；管辖法院等。

（1）填制转账支票。

签发支票时，出纳使用碳素墨水、墨汁或蓝黑墨水填写。根据实际业务情况，填写正联的各项内容：

①出票日期（大写）：按照中文大写金额要求，填写“贰零壹柒年零贰月壹拾捌日”；

②付款行名称：本单位开户银行名称，“中国工商银行伊宁支行”；

③收款人名称：为对方单位名称，“万友有限公司”；

④出票人账号：本单位开户银行账号，“0200538827990088700”；

⑤人民币（大写）：数字大写写法，应该写为人民币“叁万伍仟壹佰元整”；

⑥人民币（小写）：“¥35 100.00”（最高金额的前一位空白格加人民币符号“¥”，数字填写要求完整清楚）；

⑦用途：归还前欠货款；

⑧盖章：在出票人签章处清晰、准确地加盖预留银行的印鉴，即财务专用章和法人印章；

⑨支付密码：使用支付密码器，按提示逐步输入支票类型、签发日期、支票号码、签发金额等信息后，生成支付密码，即“0202674251462020”。

同时，按照正联填写内容，填写转账支票的存根联：

①出票日期：小写书写“2017 年 2 月 18 日”；

②收款人：与正联填写一致，“万友有限公司”；

③金额：小写数字金额“¥35 100.00”；

④用途：与正联填写一致，“归还前欠货款”。

填制完成的转账支票，如图 5－2－3 所示。

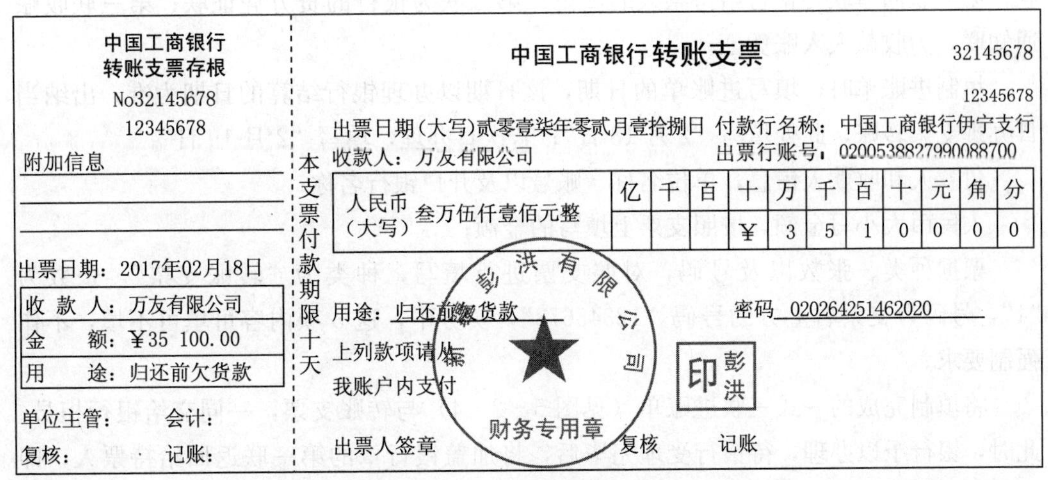

中国工商银行
转账支票存根
No32145678
12345678
附加信息

出票日期：2017年02月18日

收款人：	万友有限公司
金额：	¥35 100.00
用途：	归还前欠货款

单位主管：　会计：
复核：　记账：

本支票付款期限十天

中国工商银行转账支票　32145678
12345678

出票日期(大写)贰零壹柒年零贰月壹拾捌日　付款行名称：中国工商银行伊宁支行
收款人：万友有限公司　出票行账号：0200538827990088700

人民币（大写）	亿	千	百	十	万	千	百	十	元	角	分
叁万伍仟壹佰元整				¥	3	5	1	0	0	0	0

用途：归还前欠货款　密码 020264251462020
上列款项请从
我账户内支付
出票人签章　复核　记账

图 5－2－3　签发的转账支票

签发支票的注意事项

1. 签发现金支票和支取现金的普通支票，必须符合国家现金管理的规定；

2. 签发前，应确保签发支票的金额小于银行存款账面余额；

3. 签发支票，要求内容齐全，大小写相符，不准涂改、更改；

4. 支票可用支票打印机填开，时间、金额只需输入阿拉伯数字即可打印出大写的时间、金额；手工填开时，应注意出票日期的大写写法，数字 1 到 9 大写时应加零，而 10 应写成壹拾；

5. 出票人不得签发与其预留银行印鉴不符的支票；

6. 使用支付密码的支票，不得签发支付密码错误的支票；

7. 填写或盖章有误的支票，必须作废，需在支票的正联与存根联的骑缝线上加盖作废章，重新开具。

（2）到银行办理转账。

填制完转账支票后，沿支票正联与存根联之间的骑缝线将支票拆开，存根联作为存根本单位保留，正联由出纳到银行办理转账，或交收款人由其自行办理转账。

若为出纳直接携带转账支票到银行办理转账时，还应填制进账单。

（3）填制进账单。

银行进账单提供给办理转账的银行详细、全面的信息，记载付款人（出票人）和收款人的全称、账号、开户行名称以及两者间的结算金额等信息。银行进账单一式三联，第一联回单联，银行给持票人的回单；第二联为银行的贷方凭证联；第三联收账通知联，为收款人入账凭证。

填制进账单时，填写进账单的日期，该日期以办理银行结算的日期为准，出纳当日办理支票转账，此处填写“2 月 18 日”；若次日办理，填写“2 月 19 日”；

付款人和收款人信息，单位名称、账号以及开户银行名称；

人民币大小写金额，按照支票上填写的金额；

票据种类、张数以及号码，对照支票进行填写，种类为“转账支票”，张数为“1”，号码为支票右上方的号码“12345678”，实务中，这 3 项内容可填可不填，不作强制要求。

将填制完成的一式三联进账单（见图 5－2－4）与转账支票，一同交给银行柜员。此时，银行予以办理，待银行受理完毕后，将加盖银行章的第一联返回给持票人，即出纳张琳收到加盖银行章的银行进账单回单联（见图 5－2－5）。转账支票的签发、转账办理完毕。

<table>
<tr><td colspan="16">中国工商银行进账单（收账通知）　3</td></tr>
<tr><td colspan="16">2017年2月18日　　疆01615630</td></tr>
<tr><td rowspan="3">付款人</td><td>全　称</td><td colspan="2">新疆彭洪有限公司</td><td rowspan="3">收款人</td><td>全　称</td><td colspan="10">万友有限公司</td></tr>
<tr><td>账　号</td><td colspan="2">0200538827990088700</td><td>账　号</td><td colspan="10">0200538827990088711</td></tr>
<tr><td>开户银行</td><td colspan="2">中国工商银行伊宁支行</td><td>开户银行</td><td colspan="10">中国工商银行平宁支行</td></tr>
<tr><td rowspan="2">金额</td><td rowspan="2">人民币（大写）</td><td colspan="3" rowspan="2">叁万伍仟壹佰元整</td><td>亿</td><td>千</td><td>百</td><td>十</td><td>万</td><td>千</td><td>百</td><td>十</td><td>元</td><td>角</td><td>分</td></tr>
<tr><td></td><td></td><td></td><td>¥</td><td>3</td><td>5</td><td>1</td><td>0</td><td>0</td><td>0</td><td>0</td></tr>
<tr><td colspan="2">票据种类</td><td>转账支票</td><td>票据张数</td><td>1</td><td colspan="11" rowspan="3">收款人开户银行盖章</td></tr>
<tr><td colspan="2">票据号码</td><td colspan="3">12345678</td></tr>
<tr><td colspan="5">复核：　　记账：</td></tr>
</table>

此联是收款人开户银行交给收款人的收账通知

图 5-2-4　进账单 1

<table>
<tr><td colspan="16">中国工商银行进账单（回单）　1</td></tr>
<tr><td colspan="16">2017年2月18日　　疆01615630</td></tr>
<tr><td rowspan="3">付款人</td><td>全　称</td><td colspan="2">新疆彭洪有限公司</td><td rowspan="3">收款人</td><td>全　称</td><td colspan="10">万友有限公司</td></tr>
<tr><td>账　号</td><td colspan="2">0200538827990088700</td><td>账　号</td><td colspan="10">0200538827990088711</td></tr>
<tr><td>开户银行</td><td colspan="2">中国工商银行伊宁支行</td><td>开户银行</td><td colspan="10">中国工商银行平宁支行</td></tr>
<tr><td rowspan="2">金额</td><td rowspan="2">人民币（大写）</td><td colspan="3" rowspan="2">叁万伍仟壹佰元整</td><td>亿</td><td>千</td><td>百</td><td>十</td><td>万</td><td>千</td><td>百</td><td>十</td><td>元</td><td>角</td><td>分</td></tr>
<tr><td></td><td></td><td></td><td>¥</td><td>3</td><td>5</td><td>1</td><td>0</td><td>0</td><td>0</td><td>0</td></tr>
<tr><td colspan="2">票据种类</td><td>转账支票</td><td>票据张数</td><td>1</td><td colspan="11" rowspan="3">中国工商银行
伊宁支行
2017.02.18
会计业务部
（02）
收款人开户银行盖章</td></tr>
<tr><td colspan="2">票据号码</td><td colspan="3">12345678</td></tr>
<tr><td colspan="5">复核：　　记账：</td></tr>
</table>

此联是由开户银行交给持票人的回单

图 5-2-5　银行盖章的进账单 1

步骤二：收到转账支票

（1）审核转账支票。

①收到的支票，审核其支票签发日期是否在付款期内（10 天内），本张转账支票签发日为“2 月 15 日”，新疆彭洪有限公司于 2 月 18 日收到支票，在支票付款有效期内；

②审核大小写金额是否一致，金额都为“40 000 元”，大小写金额两者一致；

③审核内容有无更改，大小写金额、签发日期以及收款人无更改现象；

④审核盖章是否齐全、真实，印有出票人“长风股份有限公司”的财务专用章、法人章；

⑤审核支票收款人是否为本企业。

经出纳审核，转账支票无误。

若为背书转让的支票，审核有无“不准转让”字样；审核支票的被背书人是否为本企业；审核背书是否连续。

（2）转账支票背面加盖银行预留印鉴。

经审核无误的转账支票，出纳应在其背面的背书人签章处，准确、清晰地加盖银行预留印鉴，即加盖财务专用章和法人章（见图 5－2－6）。

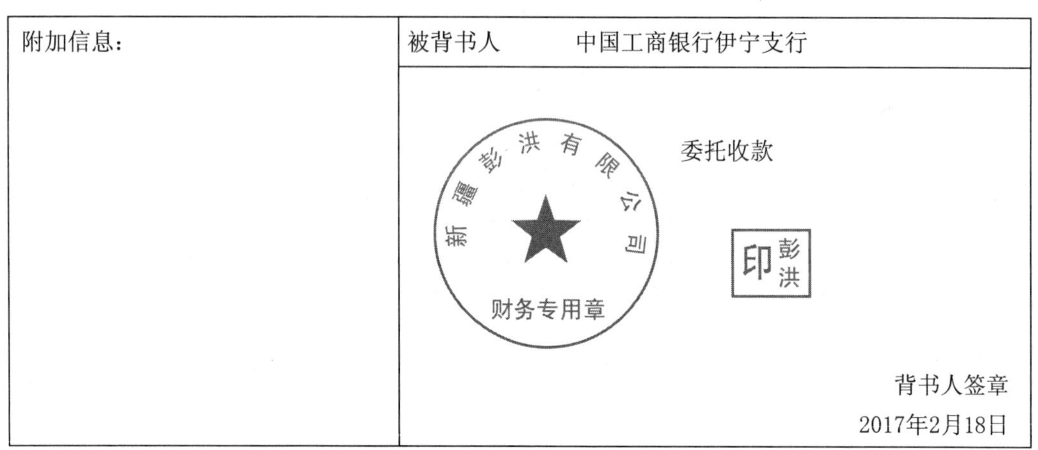

附加信息：	被背书人　　中国工商银行伊宁支行
	新疆彭洪有限公司 财务专用章 委托收款 印 彭洪 背书人签章 2017年2月18日

图 5－2－6　转账支票背面

（3）填制进账单。

填写进账单方法同上，填写一式三联进账单，如图 5－2－7 所示。

中国工商银行进账单（回单）　　1

2017年2月18日　　疆01615630

付款人	全　称	长风股份有限公司	收款人	全　称	新疆彭洪有限公司
	账　号	0200097419020104943		账　号	0200538827990088700
	开户银行	中国工商银行乌市支行		开户银行	中国工商银行伊宁支行

金额	人民币（大写）	亿	千	百	十	万	千	百	十	元	角	分
	肆万元整				¥	4	0	0	0	0	0	0

票据种类	转账支票	票据张数	1	
票据号码	12345678			
	复核：	记账：		收款人开户银行盖章

此联是由开户银行交给持票人的回单

图 5-2-7　进账单 2

（4）办理进账。

将填制完的一式三联进账单与转账支票，一同交由银行柜台人员审核，审核无误后，银行在回单联上盖银行章（见图 5-2-8），退还给出纳，表明开户银行受理该项业务，但未完成收取款项业务。

中国工商银行进账单（回单）　　1

2017年2月18日　　疆01615630

付款人	全　称	长风股份有限公司	收款人	全　称	新疆彭洪有限公司
	账　号	0200097419020104943		账　号	0200538827990088700
	开户银行	中国工商银行乌市支行		开户银行	中国工商银行伊宁支行

金额	人民币（大写）	亿	千	百	十	万	千	百	十	元	角	分
	肆万元整				¥	4	0	0	0	0	0	0

票据种类	转账支票	票据张数	1	中国工商银行 伊宁支行 2017.02.18 会计业务部 （02）
票据号码	12345678			
	复核：	记账：		收款人开户银行盖章

此联是由开户银行交给持票人的回单

图 5-2-8　银行盖章的进账单 2

开户银行收取款项后，将款项转入公司账户，即转账成功。随后，出纳将收到加盖银行印章的进账单第三联收账通知联（见图 5-2-9）。

中国工商银行进账单（收账通知） 3

2017年2月18日 疆01615630

付款人	全　称	长风股份有限公司	收款人	全　称	新疆彭洪有限公司
	账　号	0200097419020104943		账　号	0200538827990088700
	开户银行	中国工商银行乌市支行		开户银行	中国工商银行伊宁支行

金额	人民币（大写）	亿	千	百	十	万	千	百	十	元	角	分
	肆万元整				¥	4	0	0	0	0	0	0

票据种类	转账支票	票据张数	1
票据号码	12345678		

复核：　记账：

中国工商银行 伊宁支行 2017.02.18 会计业务部 (02)

收款人开户银行盖章

此联是由收款人开户银行交给收款人的收账通知

图 5-2-9　进账单 2（收账通知）

战术提升

2017 年 2 月 18 日，新疆彭洪有限公司向万友有限公司签发一张 20 000 元的转账支票（见图 5-2-10），用于支付购买原材料价款。

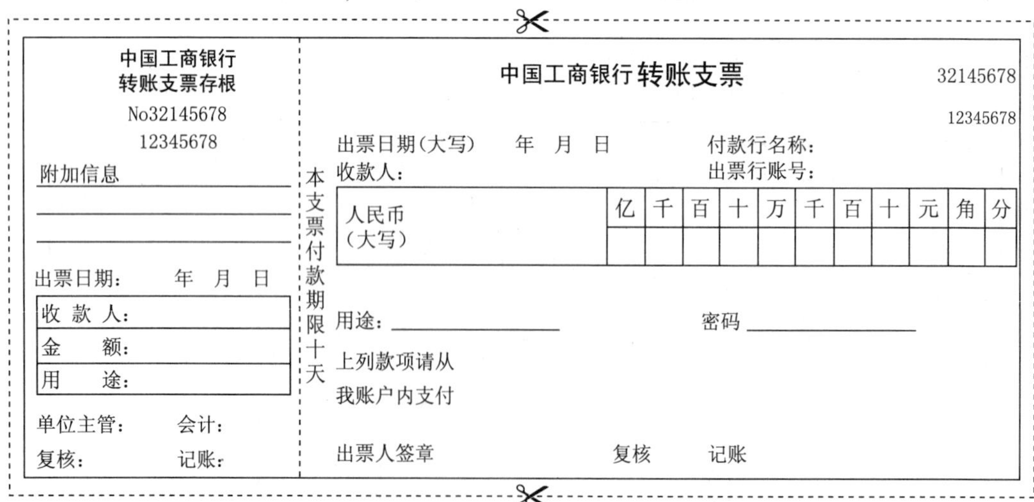

中国工商银行 转账支票存根

No32145678

12345678

附加信息

出票日期：　年　月　日

收 款 人：

金　　额：

用　　途：

单位主管：　会计：

复核：　记账：

中国工商银行 转账支票　32145678

12345678

出票日期(大写)　年　月　日　付款行名称：

收款人：　出票行账号：

本支票付款期限十天

人民币（大写）	亿	千	百	十	万	千	百	十	元	角	分

用途：　密码

上列款项请从

我账户内支付

出票人签章　复核　记账

图 5-2-10　转账支票（空白）

收到长风股份有限公司签发的一张转账支票正联（见图 5－2－11），归还前欠的货款 20 000 元。

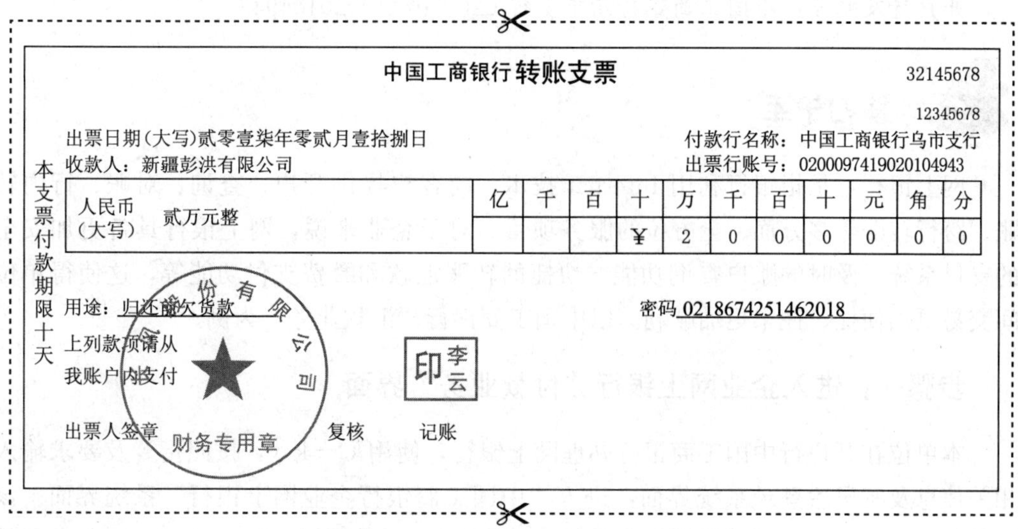

中国工商银行转账支票　32145678

12345678

出票日期(大写)贰零壹柒年零贰月壹拾捌日　付款行名称：中国工商银行乌市支行

收款人：新疆彭洪有限公司　出票行账号：0200097419020104943

本支票付款期限十天

人民币（大写）	贰万元整	亿	千	百	十	万	千	百	十	元	角	分
					¥	2	0	0	0	0	0	0

用途：归还前欠货款　密码 0218674251462018

上列款项请从我账户内支付

出票人签章　复核　记账

图 5－2－11　转账支票（已签发）

请填制支付购买原材料的转账支票，并办理转账支票进账业务。

任务三　办理网上银行支付业务

能够办理网上银行支付业务。

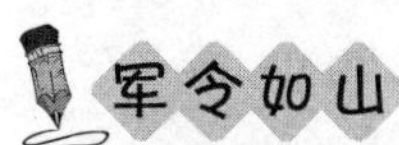

为适应网络化发展，提高财务工作效率以及加强财务安全，同时因开展业务需要，新疆彭洪有限公司向开户行中国工商银行伊宁支行申请开通了网上银行支付。

2017 年 2 月 18 日，新疆彭洪有限公司发生一笔业务，需向长风股份有限公司支付货款 100 000 元，要求以网上支付形式实时付款。

出纳张琳应如何办理网上支付呢？

企业信息

公司名称：新疆彭洪有限公司

地址：新疆省伊犁市伊宁 5 号院 1631 室

开户行及账号：中国工商银行伊宁支行 0200538827990088700

公司名称：长风股份有限公司

地址：新疆乌鲁木齐金地大厦 1901 室

开户行及账号：中国工商银行乌市支行 0200097419020104943

网上银行，是指银行利用 Internet 技术，向客户提供开户、查询、对账、行内转账、跨行转账等多方面、全方位的服务项目。对于企业来说，网上银行具备更加安全的支付系统、及时的账户查询功能、快捷的转账汇款和缴费支付功能等，这使得单位间交易更加便捷、往来更加顺利。以中国工商银行“汇款业务”为例。

步骤一：进入企业网上银行“付款业务”界面

本单位在开户行中国工商银行办理网上银行，使用 U—key，按照指令及要求输入相关信息及密码后登录系统界面，进入“中国工商银行企业网上银行”系统界面。该笔业务为支付一笔款项，选择进入“付款业务”界面，如图 5－3－1 所示。付款业务是为企业提供的一组向本地或异地企业或个人划转资金的功能。

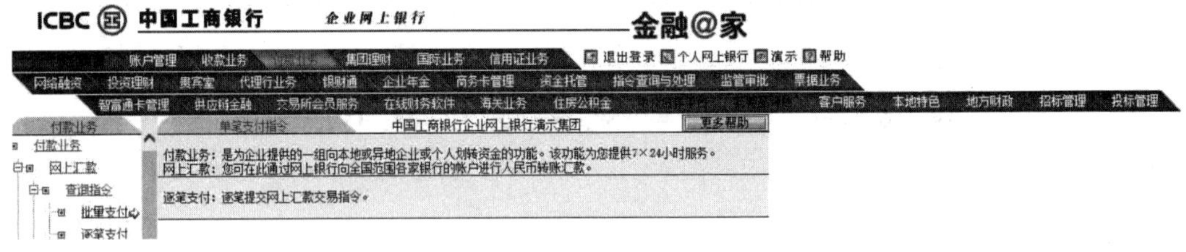

图 5－3－1　付款业务

中国工商银行“网上汇款”业务是客户通过企业网上银行办理转账汇款类业务的总称。可通过逐笔或批量的方式向全国范围内各家银行的企业账户办理人民币转账汇款。

其收款对象范围广泛，涵盖全国各家商业银行的企业账户；汇款方式灵活多样，可以逐笔或批量处理汇款指令；收款人名册功能方便实用。

开通转账权限的企业网上银行客户，可根据需要在网点办理指定账号转账。

操作流程为：

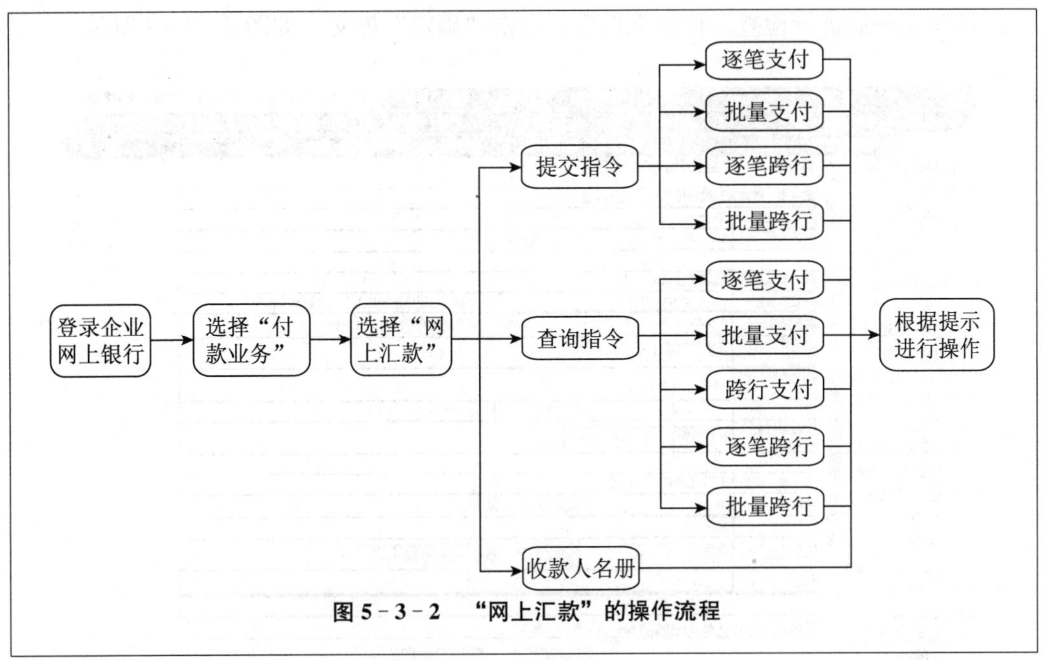

图 5－3－2　“网上汇款”的操作流程

步骤二：填写支付信息

进入“付款业务”界面，同时在“付款业务”下拉列表依次选择“网上汇款”“提交指令”“逐笔支付”，进入“逐笔支付”界面。在该界面内，按照要求逐个填入汇款单位信息、收款单位信息、汇款金额及汇款方式。

（1）汇款单位信息。

汇款单位信息，即为本单位全称、银行账号。汇款单位为“新疆彭洪有限公司”、汇款账号“0200538827990088700”。

（2）收款单位信息。

收款单位的全称、收款方开户行与银行账号信息。收款单位为“长风股份有限公司”、收款账号“0200097419020104943”、收款银行“中国工商银行”、向个人账户汇款“否”、省“新疆”、市“乌鲁木齐”，收款单位全称“中国工商银行乌市支行”。

（3）汇款金额及汇款方式。

金额“100 000”元，金额（大写）“壹拾万元整”，在输入小写金额时，自动生成；对于收款方是工行账户的，如果要求实时到账，应在汇款方式下拉列表中选择“加急”，否则选择“普通”；汇款用途，在已保存的付款用途“货款”“采购款”“借款”“拨款”“还款”“上交款”“差旅费”“运费”“保证金”等备选项中，根据实际汇款业务的情况，选择“货款”，若下拉菜单中没有需要的用途时，在“手工录入用途”框中输入付款用途，请注意最多能输入 20 个汉字。

（4）向相关人员发送短信通知。

根据具体情况进行选择，这里选择“否”。

填写完毕后进行检查，检查无误后，点击“确定”提交。如图5-3-3所示。

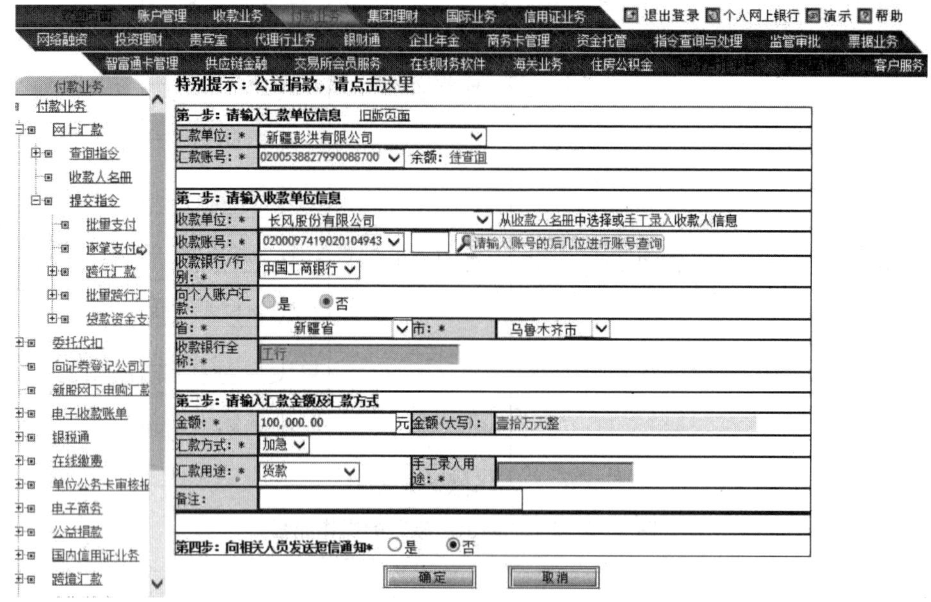

图5-3-3 “逐笔支付”界面

步骤三：确认信息，确认付款

点击“确定”后，系统进入以下界面（见图5-3-4），核实支付信息，按照验证码提示，输入验证码“9568”，点击“确定”。银行受理、支付款项。

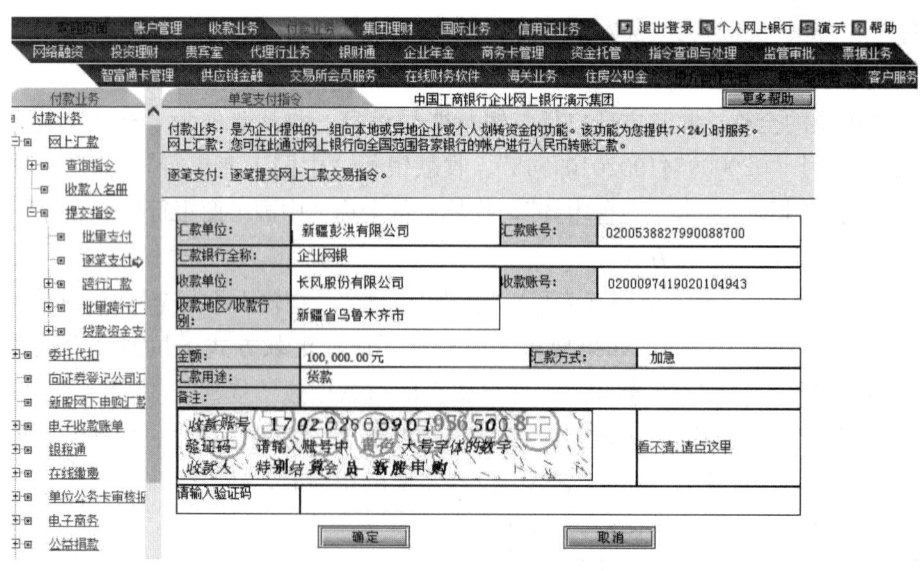

图5-3-4 验证码输入界面

对于网上支付结果，可以通过“查询指令”查询。依次点击“付款业务”“网上汇款”进入“查询指令”，在“查询指令”下，选择所查询业务对应的支付方式，如案例中使用逐笔支付，选择“逐笔支付”进入图5－3－5界面：

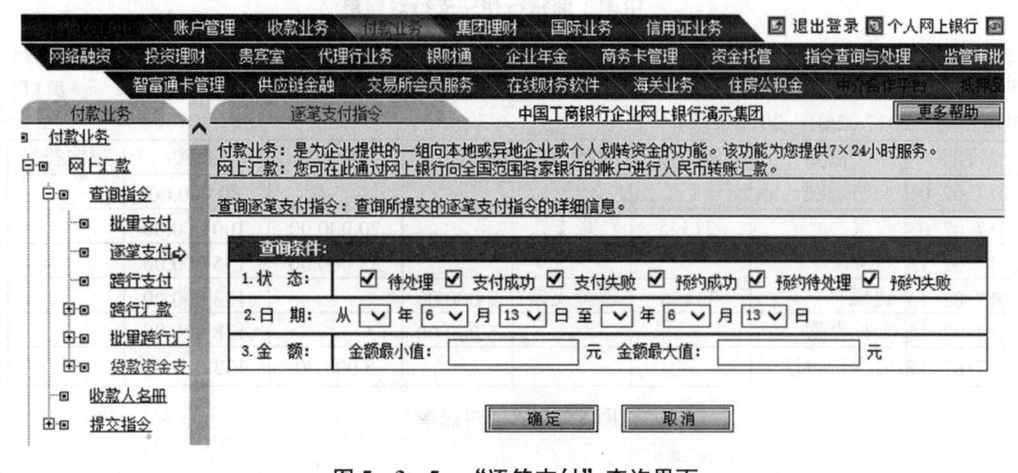

图5－3－5　“逐笔支付”查询界面

选择需要查询的状态，在对应的选项框前打钩；“日期”，选择所需要查询业务的时间区间；最后选择金额区间（金额最小值0元，金额最大值10 000 000 000元），点击确定即可查询。

战术提升

2017年2月18日，长风有限公司需采用网上支付形式，向万友有限公司还款20 000元，应如何办理网上支付呢？

任务四　清查银行存款

瞄准靶心

能够进行银行存款日记账与对账单的核对；

能够编制银行存款余额调节表。

2017 年 2 月底，新疆彭洪有限公司出纳张琳取得了 2 月的银行对账单（见图 5-4-1）；同时，要求张琳根据本月银行存款日记账（见图 5-4-2），进行银行存款日记账与对账单的核对。

中国工商银行伊宁支行对账单

支行：伊宁支行　　　　打印日期：2017年02月28日

户名：***********　　　　账号：020053882799008870　　　　第1页

申请日期：2017/02/01—2017/02/28

日期	摘要	票据号	付款方式	借方	贷方	余额	记账符号
2017-02-01	期初余额					80 000.00	
2017-02-03	收款	21345	转账支票		20 000.00	100 000.00	
2017-02-12	收款				35 000.00	135 000.00	
2017-02-13	提现	33456	现金支票	2 000.00		133 000.00	
2017-02-15	委托收款			5 000.00		128 000.00	
2017-02-17	收取预付款				5 000.00	133 000.00	

图 5-4-1　对账单

银行存款日记账

2017年		凭证		摘要	借方											贷方											借或贷	余额											√
月	日	字	号		亿	仟	百	十	万	仟	百	十	元	角	分	亿	仟	百	十	万	仟	百	十	元	角	分		亿	仟	百	十	万	仟	百	十	元	角	分	
2	1			期初余额																							借					8	0	0	0	0	0	0	
2	3	记	2	收长风前欠货款					2	0	0	0	0	0	0												借				1	0	0	0	0	0	0	0	√
2	10	记	5	支付材料款																4	4	0	0	0	0	0	借					5	6	0	0	0	0	0	
2	13	记	8	提取备用金																	2	0	0	0	0	0	借					5	4	0	0	0	0	0	√
2	17	记	14	收取和平预付款						5	0	0	0	0	0												借					5	9	0	0	0	0	0	√
2	25	记	17	收万友前欠货款						5	0	0	0	0	0												借					6	4	0	0	0	0	0	
2	28			本月合计					3	0	0	0	0	0	0					4	6	0	0	0	0	0	借					6	4	0	0	0	0	0	

图 5-4-2　银行存款日记账

清查银行存款是采用与开户银行核对账目的方法，即将本单位的银行存款日记账与开户银行的对账单账面记录逐笔进行核对的方法。理论上，核对结果应该完全一致；但若通过核对，发现双方账目存在差异，应及时查找原因，对于未达账项，编制银行存款余额调节表进行调节，以使得调整后的双方余额一致。

银行对账单，是指银行客观记录企业资金流转情况的记录单，上面有该银行账户上个月的所有资金变动情况，包括每笔业务的发生日期、发生额以及存款余额。

步骤一：银行存款日记账与银行对账单核对

按照银行存款日记账登记的先后顺序，逐笔与银行对账单核对，将“银行存款日记账”中的借方和贷方的每笔记录分别与“银行存款对账单”中的贷方和借方的每笔记录，从凭证种类、编号、摘要内容、记账方向和金额等方面核对，对双方都已登记的事项分别打“√”，以此证明银行存款账实相符。经过核对，结果如图 5－4－3、图 5－4－4 所示。

中国工商银行伊宁支行对账单

支行：伊宁支行　　　　　　　　　　　　　　　　　打印日期：2017年02月28日

户名：************　　　　　　账号：0200538827990088700　　　　　　第1页

申请日期：2017/02/01—2017/02/28

日期	摘要	票据号	付款方式	借方	贷方	余额	记账符号
2017-02-01	期初余额					80 000.00	
2017-02-03	收款	21345	转账支票		20 000.00	100 000.00	√
2017-02-12	收款				35 000.00	135 000.00	
2017-02-13	提现	33456	现金支票	2 000.00		133 000.00	√
2017-02-15	委托收款			5 000.00		128 000.00	
2017-02-17	收取预付款				5 000.00	133 000.00	√

图 5－4－3　对账单（对账后）

银行存款日记账

2017年		凭证		摘要	借方											贷方											借或贷	余额											√
月	日	字	号		亿	仟	百	十	万	仟	百	十	元	角	分	亿	仟	百	十	万	仟	百	十	元	角	分		亿	仟	百	十	万	仟	百	十	元	角	分	
2	1			期初余额																							借					8	0	0	0	0	0	0	
2	3	记	2	收长风前欠货款					2	0	0	0	0	0	0												借				1	0	0	0	0	0	0	0	√
2	10	记	5	支付材料款																4	4	0	0	0	0	0	借					5	6	0	0	0	0	0	
2	13	记	8	提取备用金																	2	0	0	0	0	0	借					5	4	0	0	0	0	0	√
2	17	记	14	收取和平预付款						5	0	0	0	0	0												借					5	9	0	0	0	0	0	√
2	25	记	17	收万友前欠货款						5	0	0	0	0	0												借					6	4	0	0	0	0	0	
2	28			本月合计					3	0	0	0	0	0	0					4	6	0	0	0	0	0	借					6	4	0	0	0	0	0	

图 5－4－4　银行存款日记账（对账后）

步骤二：账实不符，查找原因

银行与企业账目不符的原因，通常有两种，一种是企业与银行之间一方或双方记账有错，此时应进行画线更正、红字冲销或补充登记；另一种是存在未达账项，此时应编制银行存款余额调节表进行调节。

通过核对，发现账实不符，对银行存款日记账和银行对账单中未打“√”的项目，逐项进行检查，查找原因，确认是属于记账错误还是属于未达账项。经查找，确认未打“√”的四项均属于未达账项，具体情况如下：

(1) 2月10日，本公司开出转账支票支付材料款44 000元，但尚未到银行办理转账，企业已确认，银行尚未入账。

(2) 2月12日，银行账户收到万友公司划转的款项35 000元，但未取得单据且未知该笔款项的性质，因此未通知企业，企业未入账。

(3) 2月15日，银行账户代扣本月水电费5 000元。企业尚未取得委托收款结算凭证的付款通知，尚未入账。

(4) 2月25日，企业收到前欠货款5 000元，银行尚未入账。

步骤三：编制银行余额调节表

企业与银行之间的未达账项，一般有以下四种情况（见表5-4-1）。

表5-4-1　　银行余额调节说明

类型	情形	具体说明
企业已收，银行未收	日记账余额>对账单余额	企业收到或已送存银行的款项，企业已入账，作为银行存款的增加，但银行尚未入账
企业已付，银行未付	日记账余额<对账单余额	企业开出各种付款凭证，已记入银行存款日记账，作为企业银行存款的减少，但银行尚未入账
银行已收，企业未收	日记账余额<对账单余额	银行代企业收进的款项，银行已入账，作为企业银行存款的增加，但企业尚未收到有关凭证，未能登记入账
银行已付，企业未付	日记账余额>对账单余额	银行代企业支付的款项，银行已入账，作为企业银行存款的减少，但企业尚未收到有关凭证，未能登记入账

银行存款余额调节表是一种对账记录的工具，并不是凭证，它是在银行对账单余额与企业账面余额的基础上，各自加上对方已收、本单位未收账项数额，减去对方已付、本单位未付账项数额，以调整双方余额使其一致的一种调节方法。

银行存款余额调节表的编制原理为：

企业账面存款余额＝企业账面银行存款余额－银行已付而企业未付账项＋银行已收而企业未收账项；

银行对账单调节后的存款余额＝银行对账单存款余额－企业已付而银行未付账项＋企业已收而银行未收账项；

银行对账单存款余额＋企业已收而银行未收账项－企业已付而银行未付账项＝企业账面银行存款余额＋银行已收而企业未收账项－银行已付而企业未付账项。

(1) 填写银行存款余额调节表“余额”栏。

根据银行对账单、银行存款日记账显示，余额分别为133 000元、64 000元，所以将133 000元、64 000元分别填入银行存款余额调节表对应的银行存款日记账余额栏、银行对账单余额栏内。

（2）填写表内加、减项。

根据判断，上述确认的四项未达账项，分别属于以下情况：

①2 月 10 日，企业支付材料款 44 000 元，属于企业已付，银行未付。

②2 月 12 日，银行账户收到款项 35 000 元，属于银行已收，企业未收。

③2 月 15 日，银行账户代扣本月水电费 5 000 元，属于银行已付，企业未付。

④2 月 25 日，企业收到前欠货款 5 000 元，属于企业已收，银行未收。

据此，将每种未达账项的金额填列至对应银行存款余额调节表的栏目，并计算出调节后余额，结果如图 5－4－5 所示。

银行存款余额调节表

银行名称：中国工商银行伊宁支行

银行账户名称：***********

银行账号：0200538827990088700

2017年2月28日　　　　单位：元

项目	金额	项目	金额
银行存款日记账余额	64 000.00	银行对账单余额	133 000.00
加：银行已收 企业未收	35 000.00	加：企业已收 银行未收	5 000.00
减：银行已付 企业未付	5 000.00	减：企业已付 银行未付	44 000.00
调节后余额	94 000.00	调节后余额	94 000.00

图 5－4－5　银行存款余额调节表

银行存款余额调节表调节后的余额是该企业对账目银行实际可用的存款数额，可作为银行存款科目的附列资料保存。

战术提升

2017 年 3 月底，长风有限公司出纳将 3 月的银行对账单与该月银行存款日记账进行核对，核对时，银行对账单余额为 180 000 元，银行存款日记账余额为 350 000 元，经核对发现，存在以下未达账项：

（1）3 月 10 日，企业已经确认收到万友有限公司的前欠货款 30 万元，但是银行还未收到款项；

（2）3 月 18 日，企业外购原材料开出转账支票 100 000 元，而银行未入账；

（3）3 月 12 日，银行账户收到和平公司前欠货款 50 000 元，而企业未入账；

（4）3 月 30 日，银行自动扣除了 3 月的社保费用 20 000 元，企业未入账。

请据此编制银行存款调节表，如图 5－4－6 所示。

银行存款余额调节表

银行名称：中国工商银行伊宁支行

银行账户名称：***********

银行账号：0200538827990088700

2017年　月　日　　　　单位：元

项目	金额	项目	金额
银行存款日记账余额		银行对账单余额	
加：银行已收 企业未收		加：企业已收 银行未收	
减：银行已付 企业未付		减：企业已付 银行未付	
调节后余额		调节后余额	

图 5－4－6　银行存款余额调节表（空白）

项目六　企业年度报告与涉税事宜

任务一　办理企业年度报告

能够了解企业办理年报填报的基本操作。

2014 年 3 月 1 日起，全国取消企业年检制度，将企业年检制度改为企业年度报告公示制度。企业根据规定，通过网站系统向工商机关报送年度报告并向社会公示，不需再每年跑到工商进行繁重的年审工作，给广大的企业经营者以及工商部门减轻负担、带来了极大的便利。

那么，新疆彭洪有限公司如何办理企业年度报告填报呢?

横扫千军

根据《注册资本制度改革方案》的规定，2014 年 3 月 1 日起，企业年度检验制度改为企业年度报告公示制度。企业年度报告制度强调了向社会公示企业的相关信用信息，企业应按年度在规定的期限内，通过登录市场主体信用公示系统后进行年度报告填报，提交之后即向社会公示，任何单位和个人均可查询。

填报对象：凡在去年 12 月 31 日前登记注册，领取营业执照的公司、非公司企业法人、合伙企业、个人独资企业、分支机构、个体工商户。

填报时间：一般 1 月 1 日至 6 月 30 日，制度具体实施时间，以国家工商总局公布的时间为准。

其主要内容包括：公司股东（发起人）缴纳出资情况、资产状况等，企业对年度报告的真实性、合法性负责，工商行政管理机关对企业年度报告公示内容进行抽查。

步骤一：进入企业信用信息公示系统

登录网址 http：//www. gsxt. gov. cn/login，进入国家企业信用信息公示系统，如

图 6-1-1 所示，点击正下方“企业信用信息填报”窗口。

图 6-1-1　国家企业信用信息公示系统

进入“选择登记机关所在地”界面，如图 6-1-2 所示，根据企业登记机关所在地情况选择，新疆彭洪有限公司选择“新疆”。

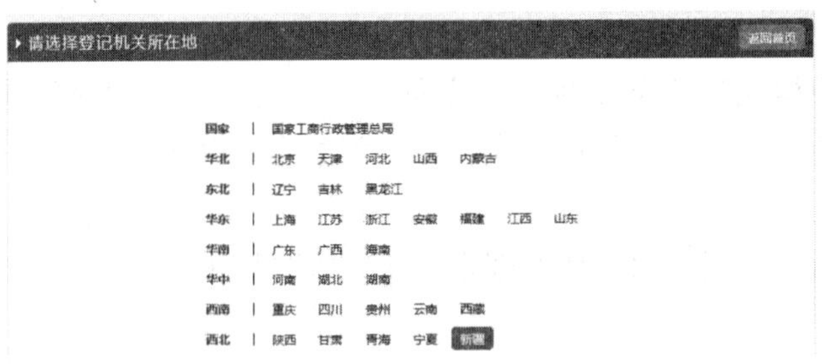

图 6-1-2　选择登记机关所在地

步骤二：登录年报系统

进入年报登录界面后，如图 6-1-3 所示，选择“企业/农专登录”。

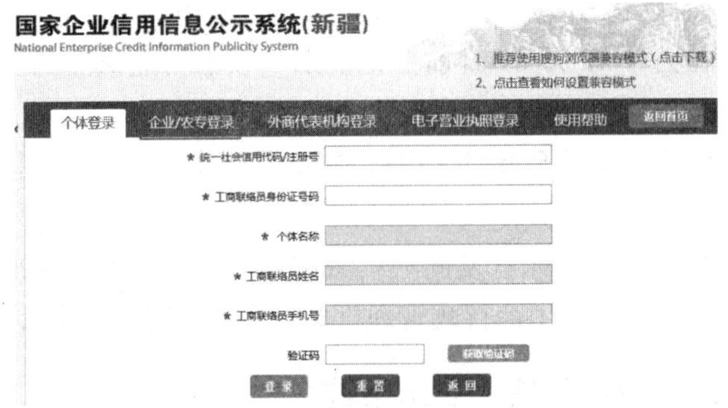

图 6-1-3　国家企业信用信息公示系统（新疆）

企业采用CA证书方式登录，插入数字证书并确认证书有效后，如图6-1-4所示，点击“登录”。

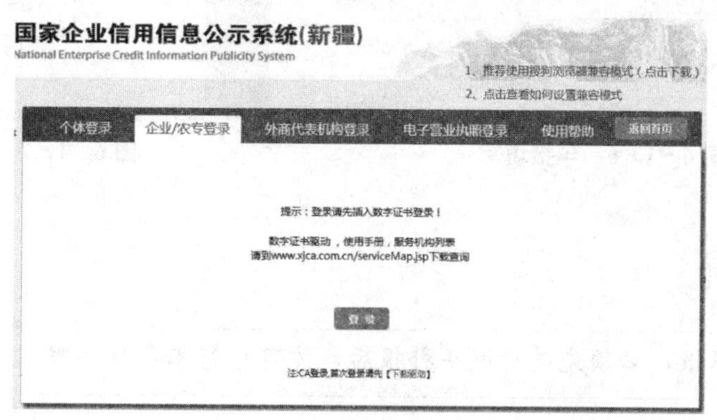

图6-1-4　插入数字证书

弹出“输入设备的用户口令”窗口，如图6-1-5所示，即输入证书口令。

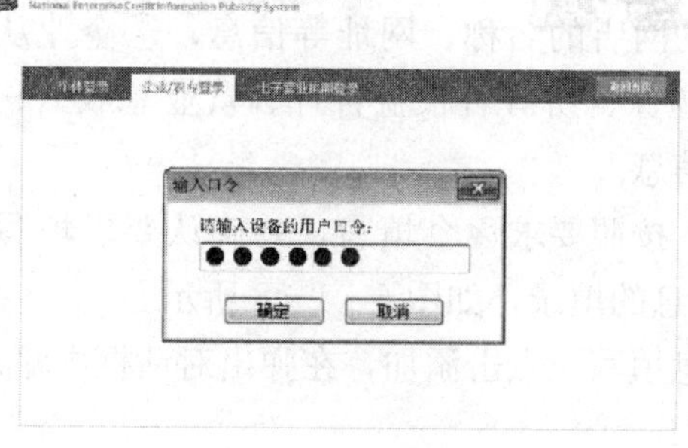

图6-1-5　输入口令

若采用联络员身份认证的，首次登录时先进行联络员注册，然后根据注册信息进行登录。

步骤三：年报填写界面

口令输入正确后，进入年报填写界面，如图6-1-6所示，点击“年报填写申请”。弹出提示框，如图6-1-7所示，选择填报年度，如“2017年度报告”。

图 6-1-6 年报填写

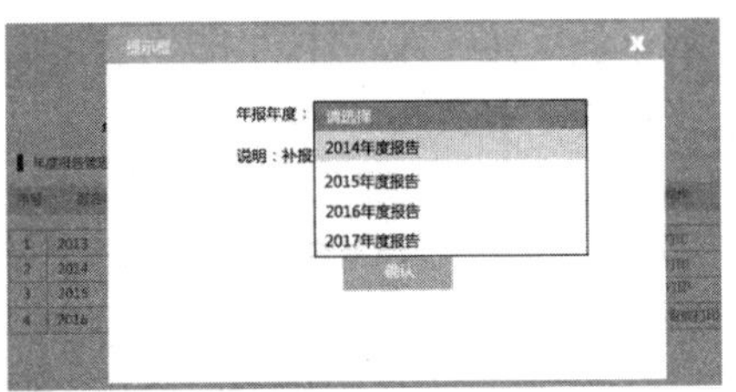

图 6-1-7 提示框

若往年未填报，必须先进行逐年补报后，才可报行本年度年报。

企业年度报告的内容主要包括：①企业通信地址、邮政编码、联系电话、电子邮箱等基本信息；②开业、歇业、清算等存续状态信息；③企业投资设立企业、购买股权信息；④有限责任公司或者股份有限公司，其股东或者发起人认缴和实缴的出资额、出资时间、出资方式等信息；⑤有限责任公司股东股权转让等股权变更信息；⑥企业网站以及从事网络经营的网店的名称、网址等信息；⑦企业从业人数、资产总额、负债总额、对外提供保证担保、所有者权益合计、营业总收入、主营业务收入、利润总额、净利润、纳税总额信息。

（1）企业信息填写。按照要求逐个填写，并确认要求填写信息无误后，点击“保存”，进入下一步界面信息的填录，如图 6-1-8 所示。

（2）股东及出资信息填写。点击添加，在弹出对话框中输入信息，如图 6-1-9 所示，点击“保存”即可。

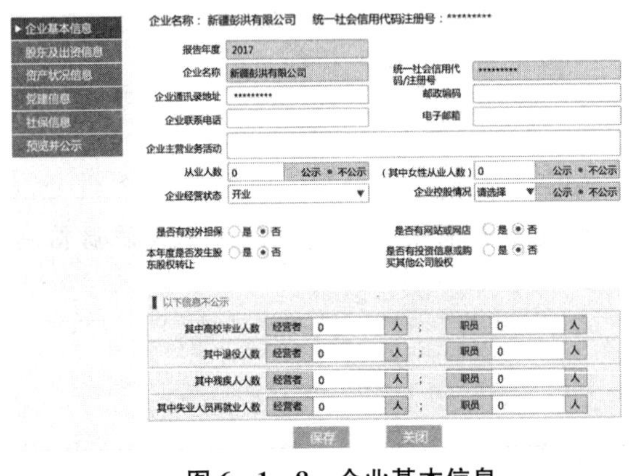

图 6-1-8 企业基本信息

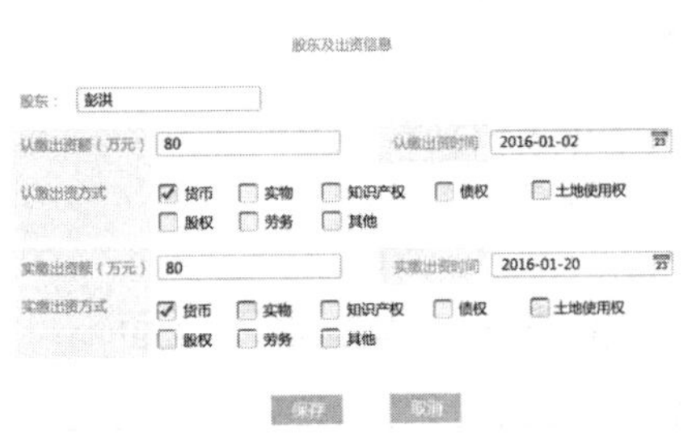

图 6-1-9 股东及出资信息

（3）网站或网店信息填写。点击添加，如图 6-1-10 所示，在弹出的新界面中选择类型，输入名称和网址后，点击“保存”即可。

（4）股权变期信息填写。点击添加，在弹出的对话框中输入股权变期信息，如

图 6-1-11所示，点击“保存”。

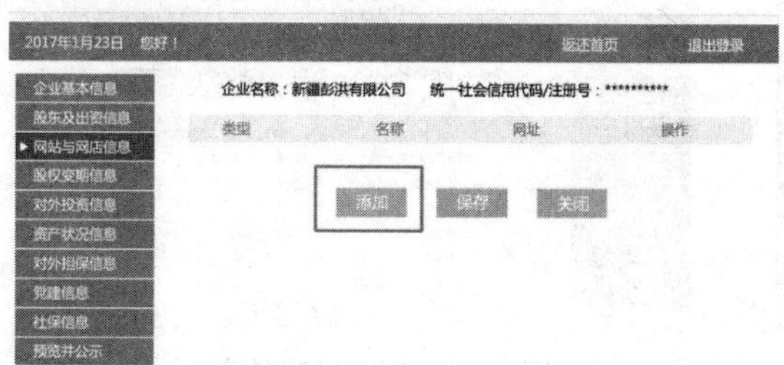

图 6-1-10　网站或网店信息

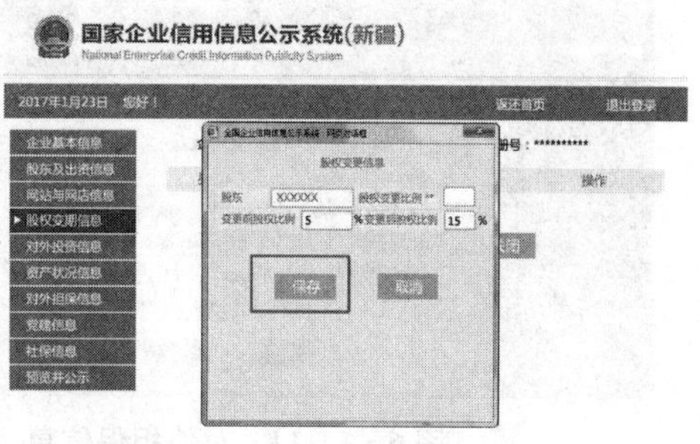

图 6-1-11　股权变期信息

（5）对外投资信息填写。点击添加，在弹出的对话框中输入对外投资信息，如图 6-1-12所示，点击“保存”。

（6）资产状况信息填写。进入资产状况信息界面后，如图 6-1-13 所示，如实填写信息，在填列框右侧可以自愿选择公示或者不公示该信息，填写完后点击“保存”进入下一步。

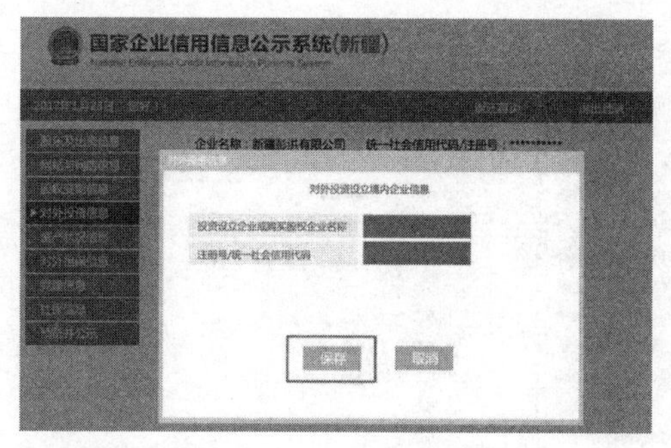

图 6-1-12　对外投资信息

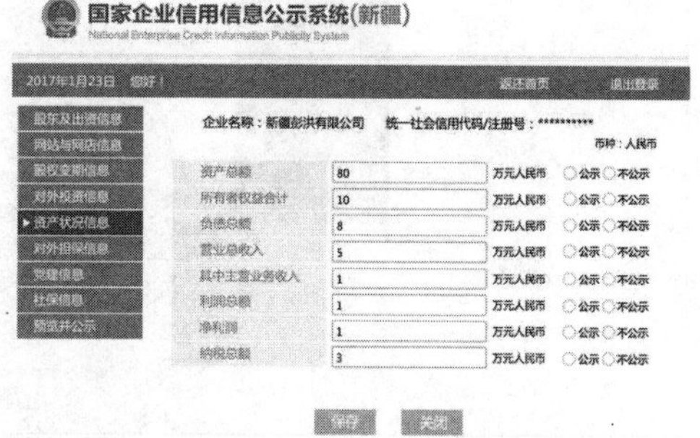

图 6-1-13　资产状况信息

可自愿选择公示或者不公示。

（7）对外担保信息填写。点击添加，在弹出的对话框中输入对外担保信息，如图 6-1-14所示，点击“保存”。

（8）党建信息填写。在本界面填写党建信息，如图 6-1-15 所示，点击“保存”进入下一步。

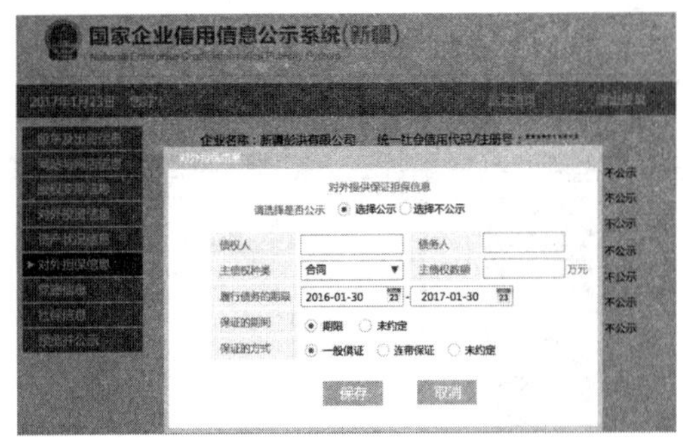

图 6-1-14　对外担保信息

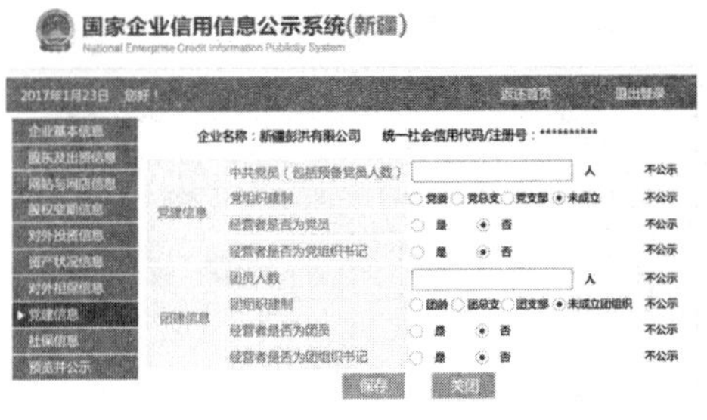

图 6-1-15　党建信息

(9) 社保信息填写。在本界面填写社保信息，如图 6-1-16 所示，点击“保存”进入下一步。

图 6-1-16　社保信息

可自愿选择公示或者不公示。

(10) 预览并公示。

进入预览并公示界面，在该界面内预览填写的所有信息，可自愿选择公示或者不公示。同时检查、确认填写信息是否有误，确认无误后，点击最下方“提交并公示”，如图 6-1-17 所示，并在弹出的提示框“本年度年报填报已完成，确认吗?”下，点击“确认”按钮，完成本年度年报填报。

图 6-1-17　预览并公示

企业年报公示知多少？

1. 未按时报送年报会有什么后果？

答：企业逾期不报送公示年报的，将被列入经营异常名录并向社会公示，工商行政管理机关提醒其履行年度报告公示义务。企业在三年内履行年度报告公示义务的，可以向工商行政管理机关申请恢复正常记载状态；超过三年未履行的，工商行政管理机关将其永久载入经营异常名录，不得恢复正常记载状态，并列入严重违法企业名单（“黑名单”）。

2. 企业年度报告中隐瞒真实情况、弄虚作假的，如何处理？

答：企业、农民专业合作社年度报告公示信息隐瞒真实情况、弄虚作假的，工商行政管理部门应当自查实之日起 10 个工作日内作出将其列入经营异常名录的决定，并通过企业信用信息公示系统向社会公示。

战术提升

企业年度报告公示制度的施行，减轻了企业和工商部门的负担，提高了工作效率，给双方都带来了便利，但是在实际生活中，还是有一些企业会忘记及时进行年度报告公示。

1. 请问企业年度报告的时间是什么时候？

2. 企业年度报告填报的基本流程是什么？

3. 企业未按时年报，将会有产生什么后果？

4. 若企业隐瞒真实情况、弄虚作假，会产生什么后果？

任务二　办理变更税务登记

瞄准靶心

能够办理变更税务登记业务。

军令如山

由于企业规模扩大，2017 年 2 月 1 日，新疆彭洪有限公司迁址至新疆省伊犁河路 202 号，企业注册地址发生了变动，需要公司办理变更税务登记。公司已在工商行政管理机关办理变更登记，要求出纳负责办理变更税务登记手续。

那么，公司的出纳张琳如何办理变更税务登记呢？

变更税务登记是指纳税人办理设立税务登记后，因税务登记内容（公司名称、代表人、经济类型、经营地址、生产经营范围等）发生变化，向税务机关申请，以使税务登记内容调整为与实际情况一致的税务登记管理制度。

基本流程如下：

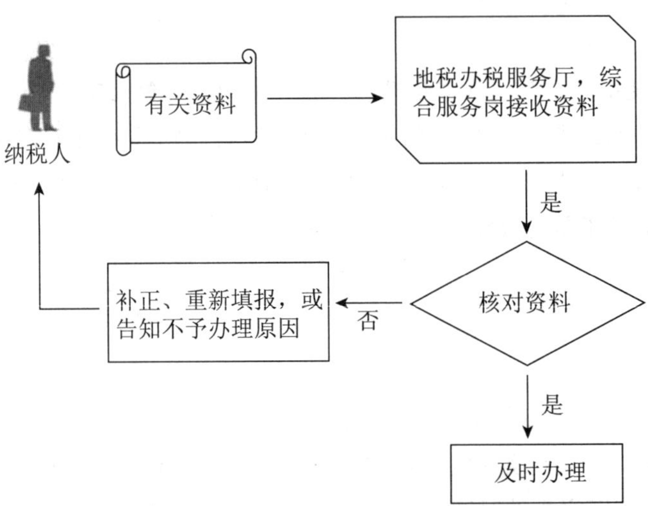

图 6－2－1　变更税务登记的基本流程

步骤一：准备携带资料

由于申请变更内容的差别，所需要的资料也有所不同。主要分为不涉及税务登记证件内容变化的和涉及税务登记证件内容的两种。在办理税务变更前，应先打电话或者亲自去税务局，咨询清楚有关内容及携带资料。根据本单位变更注册地址，属于涉及税务登记证件内容变化的，且纳税人已在工商行政管理机关办理变更登记的，其需要准备的资料有：工商登记变更表及工商营业执照；纳税人注册地址变更登记内容的有关证明文件；税务机关发放的原税务登记证件（正、副本和登记表等）。

《中华人民共和国税收征收管理法实施细则》第十四条规定

纳税人税务登记内容发生变化的，应当自工商行政管理机关或者其他机关办理变更登记之日起30日内，持有关证件向原税务登记机关申报办理变更税务登记。

纳税人税务登记内容发生变化，不需要到工商行政管理机关或者其他机关办理变更登记的，应当自发生变化之日起30日内，持有关证件向原税务登记机关申报办理变更税务登记。

纳税人税务登记内容发生变化，不需要到工商行政管理机关办理变更登记的，应当自发生变化之日起30日内，持有关证明向原税务机关（办税服务厅）申请办理变更税务登记。

步骤二：填报《税务登记变更表》

向税务机关领取、填写《税务登记变更表》，由于本公司注册地址发生变化，根据企业实际情况以及变更项目的具体内容，填写如图6－2－2所示。

税务登记变更表

纳税人识别号：| 4 | 8 | 6 | 0 | 0 | 2 | 7 | 2 | 6 | 7 | 0 | 0 | 6 | 8 | 6 |

纳税人名称：新疆彭洪有限公司　　法定代表人：彭洪

变更登记事项			
序号	变更项目	变更前内容	变更后内容
1	注册地址	新疆省伊犁伊宁5号院1631室	新疆省伊犁河路202号
送缴证件情况： ①变更后的营业执照副本原件和复印件； ②新注册地址证明原件及其复印件； ③原税务登记证正、副本原件。			
本公司由于经营规模扩大，变更企业注册地址。 纳税人（盖章）： 法定代表人（负责人）：彭洪　　办税人员：张琳　　填表日期：2017年2月20日			
主管税务机关审批意见： （公章） 负责人：　　经办人：　　审批日期：　年　月　日			

注：1. 适用范围：涉及税务登记内容变更的，均应办理变更登记。
　　2. 本表一式二份，一份税务机关留存，一份交纳税人。

图6-2-2　税务登记变更表

在实务工作中，办理变更税务登记前，应先领取并填写好表格，加盖企业公章。再去税务局办理变更手续，提前做好各项准备，防止到了税务局再填表、提交各项资料时发现资料准备不齐全或者填写项目有问题，提高工作效率。

步骤三：地税办税服务厅，提交资料

办理变更税务登记时，应向主管税务机关办税服务厅提供上述资料（填列好的

《变更税务登记表》、工商登记变更表或工商营业执照、纳税人注册地址变更登记内容的有关证明文件、税务机关发放的原税务登记证件（正、副本））。经主管税务机关接受资料，受理后，核对提交资料，核对符合要求的，主管税务机关录入变更信息即时办理。

当纳税人提交的证件和资料不齐全或税务登记表的填写内容不符合规定时，主管税务机关当场通知纳税人补正或重新填报。对于不予办理的，会出具《税务事项通知书》，告知纳税人不予办理的理由，将申报资料退还纳税人。

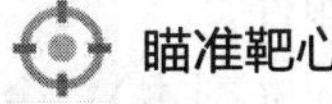

由于企业规模扩大，2017 年 2 月 1 日，长风有限公司经营范围发生变动，需要公司办理变更税务登记。已在工商行政管理机关办理变更登记的，要求出纳负责办理变更税务登记手续。

请描述办理这项变更税务登记的流程。

任务三　办理发票领用业务

瞄准靶心

能够办理发票领用手续。

2017 年 4 月 3 日，新疆彭洪有限公司财务部增值税专用发票使用完毕，需要到税务局办理发票领用。由于本公司属于 A 类纳税信用等级的一般纳税人，根据增值税发票分类分级规范化管理规定，可一次领取不超过 3 个月的增值税专用发票用量。财务部会计主管王红要求出纳张琳，去税务局办理增值税专用发票领用手续。

那么，出纳张琳如何办理发票领用呢？

发票领用是指需要领用发票的单位和个人，向主管税务机关办理发票领用手续后，

可以按税务机关确认的发票种类、数量以及领用方式，到税务机关或网上申请领购发票。

到税务机关办理发票领用的基本流程如图 6－3－1 所示。

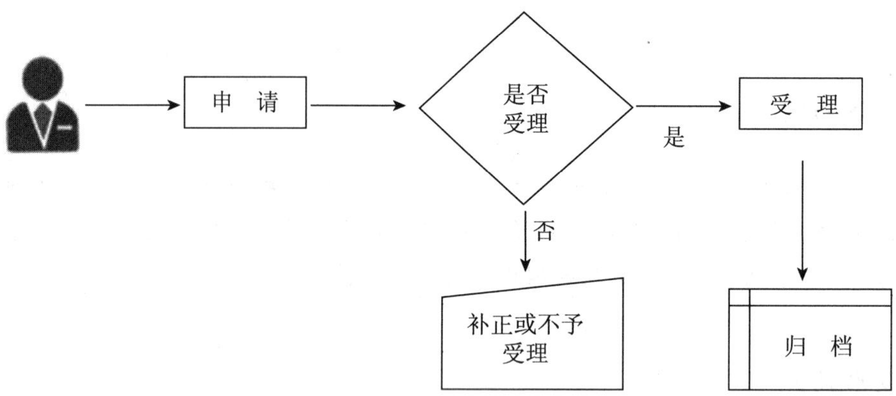

图 6－3－1　发票领用的基本流程

为提高企业和税务局工作效率，减少办税环节，增值税发票实施分类分级规范化管理。纳税信用等级评定为 A 类的纳税人，以及地市国税局确定的纳税信用好、税收风险等级低的其他类型纳税人，可一次领取不超过 3 个月的增值税发票用量，纳税人需要调整增值税发票用量，手续齐全的，按照纳税人需要及时办理。

步骤一：准备报送资料

发票领用报送资料，包括 A02009《发票领用簿》、金税盘（税控盘）或报税盘、税控收款机用户卡、A01008《税务登记证》（副本）、经办人身份证明复印件。

其中，必报资料为 A02009《发票领用簿》和 A01008《税务登记证》（副本）；金税盘（税控盘）或报税盘为领用增值税专用发票、防伪税控“一机多票”系统普通发票、货物运输业增值税专用发票或机动车销售统一发票时报送；税控收款机用户卡为领用税控收款机发票时报送；经办人身份证明复印件的报送条件为经办人发生变更时报送，且需税务机关进行归档；A02009《发票领用簿》、金税盘（税控盘）或报税盘、税控收款机用户卡以及 A01008《税务登记证》（副本）办理发票领用时，都需进行查验。

在去税务/国税机关办税服务厅办理发票领用前，可登录当地税务机关官网查询，或拨打 12366 纳税服务热线，查询所在地主管税务机关办税服务厅具体地址，以及咨询具体办理业务需要报送的资料等信息。根据《中华人民共和国发票管理办法》以及新疆维吾尔族自治区地方税务局官网办税指南，申请领用增值税专用发票的纳税人，需要提供的报送资料为：A02009《发票领用簿》、税盘（税控盘）或报税盘、A01008《税务登记证》（副本），如图 6－3－2、图 6－3－3、图 6－3－4 所示。

图 6-3-2　A02009《发票领购簿》

图 6-3-3　金税盘、报税盘

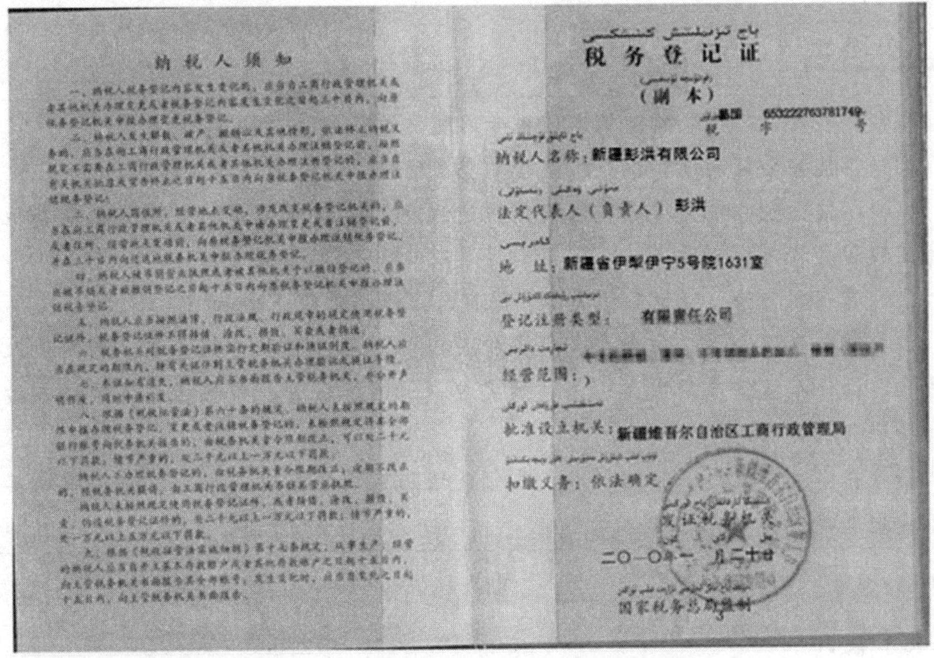
纳税人须知

税务登记证

（副本）

税字号　653222763781749

纳税人名称：新疆彭洪有限公司

法定代表人（负责人）彭洪

地　址：新疆省伊犁伊宁5号院1631室

登记注册类型：　有限责任公司

经营范围：

批准设立机关：新疆维吾尔自治区工商行政管理局

扣缴义务：依法确定

二〇一〇年一月二十廿

国家税务总局监制

图 6-3-4　A01008《税务登记证》（副本）

A02009《发票领用簿》

A02009《发票领用簿》为纳税人向税务机关办理领用发票手续时的凭证，由税务机关在核准使用发票情况、发票领用、缴销、挂失等记录时，进行填写。发票领用簿应妥善保管，不得转借、涂改。若发生丢失，立即报告税务机关，申请挂失后补发。

步骤二：地税机关办税服务厅，提交资料

到税务/国税机关办税服务厅办理发票领用手续，首先，提交以上资料；其次，地

税机关根据领购单位、经营范围以及规模等，核对纳税人报送资料是否齐全、是否符合法定形式、填写内容是否完整；对于非首次领用发票的纳税人，启动发票验旧基本流程，查看是否有未处理违法违章等不予发放发票的监控信息，若发现存在相关情况的，进行处罚处理。

核定无误的，办税服务厅予以受理、即时办结，纳税人可领取单次领用数量范围内的增值税发票；若手续不齐全或不符合有关规范等，税务机关当场一次性提示其补正资料或告知不予受理的原因。

一般纳税人，不得领购使用增值税专用发票的有：

（1）不能按会计制度和税务机关的要求准确核算增值税会计核算的。

（2）不能向税务机关准确提供增值税进项税额、销项税额、应纳税额及其他有关增值税税务资料内容的。

（3）有下列行为，经税务机关责令限期改正而仍未改正者：

私自印制专用发票；向个人或税务机关以外的单位买取专用发票；借用他人专用发票；向他人提供专用发票；未按规定要求开具、保管、申报专用发票；未按规定接受税务机关检查。

若存在以上情况的一般纳税人，已领购使用专用发票时，税务机关应收缴其结存的专用发票。

战术提升

若长风有限公司财务部增值税普通发票使用完毕，需要到税务局办理发票领用。那么，此时办理发票领用时所需要的资料有哪些？办理的基本流程是什么？

参考文献

[1] 张永欣，马广烁. 出纳岗位实务 [M] .1 版. 北京：清华大学出版社，2015.

[2] 贾倩楠. 新出纳业务实用全书 [M]. 北京：电子工业出版社，2016.

[3] 陈文玉. 出纳实操从新手到高手 [M] .2 版. 北京：中国铁道出版社，2015.

[4] 吴银花，栾庆忠. 出纳业务真账实操 [M]. 北京：中国市场出版社，2014.

[5] 高杉，王庆，刘艳. 出纳实务 [M]. 北京：立信会计出版社，2016.

[6] 刘姝媛. 出纳人员实战手册 [M]. 北京：中国电力出版社，2015.

[7] 索晓辉. 会计出纳税务财务分析岗位实战手册 [M]. 北京：中华工商联合出版社，2016.

[8] 满东旭，王艳芳，史佳卉. 出纳岗位中点钞技能的讲授方法 [J]. 福建质量管理，2016 (2) .

[9] 程淮中. 财经法规与会计职业道德 [M] .3 版. 北京：高等教育出版社，2017.

[10] 赵金梅，马郡. 营改增实战：增值税从入门到精通（一般纳税人） [M]. 北京：机械工业出版社，2016.

[11] 贺志强. 出纳岗位实战全书 [M]. 北京：中国纺织出版社，2016.

[12] 徐明升. 出纳人员岗位实战宝典 [M]. 北京：清华大学出版社，2016.

[13] 出纳训练营. 手把手教你做优秀出纳：全流程真账操练 [M]. 北京：机械工业出版社，2016.

[14] 李岩. 零基础学出纳（图解版）[M]. 北京：清华大学出版社，2016.

[15] 杨良成. 纪小羊和她的出纳工作 [M]. 北京：机械工业出版社，2014.

[16] 国家税务总局. 关于修改《税务登记管理办法》的决定. 国家税务总局令第 36 号，2014 - 12 - 27.

[17] 国家税务总局. 关于修改《中华人民共和国发票管理办法实施细则》的决定. 国家税务总局令第 37 号，2014 - 12 - 27.

[18] 国务院. 国务院关于印发注册资本登记制度改革方案的通知. 国发〔2014〕7 号，2014 - 02 - 07.

目 录

项目二　出纳必须会做什么

任务一　书写财务数字

中国工商银行进账单（回单）　　1　　疆01615631

年　月　日

<table>
<tr><td rowspan="3">付款人</td><td>全　　称</td><td>星海股份有限公司</td><td rowspan="3">收款人</td><td>全　　称</td><td colspan="10">新疆彭洪有限公司</td><td rowspan="7">此联是由开户银行交给持票人的回单</td></tr>
<tr><td>账　　号</td><td>6200538827990088880</td><td>账　　号</td><td colspan="10">0200538827990088700</td></tr>
<tr><td>开户银行</td><td>中国银行北关支行</td><td>开户银行</td><td colspan="10">中国工商银行伊宁支行</td></tr>
<tr><td rowspan="2">金额</td><td rowspan="2">人民币（大写）</td><td colspan="3" rowspan="2"></td><td>千</td><td>百</td><td>十</td><td>万</td><td>千</td><td>百</td><td>十</td><td>元</td><td>角</td><td>分</td></tr>
<tr><td></td><td></td><td></td><td></td><td></td><td></td><td></td><td></td><td></td><td></td></tr>
<tr><td colspan="2">票据种类</td><td>转账支票</td><td>票据张数</td><td>1</td><td colspan="10" rowspan="2">收款人开户银行盖章</td></tr>
<tr><td colspan="2">票据号码</td><td colspan="3">37124009</td></tr>
<tr><td colspan="5">复核：　　　　记账：</td><td colspan="10"></td><td></td></tr>
</table>

图 2－1－6　进账单

任务五　审核原始凭证

差旅费报销单

填报日期：2017年6月26日　　　　附单据5张

<table>
<tr><td colspan="3">部门</td><td colspan="5">行政部</td><td>出差事由</td><td colspan="5">北京出差</td></tr>
<tr><td colspan="3">出差人</td><td colspan="2">严妍</td><td colspan="2">职务</td><td>职员</td><td colspan="6"></td></tr>
<tr><td colspan="4">出发</td><td colspan="4">到达</td><td rowspan="2">交通工具</td><td rowspan="2">车船机费</td><td colspan="4">目的地发生费用</td></tr>
<tr><td>月</td><td>日</td><td>时</td><td>地点</td><td>月</td><td>日</td><td>时</td><td>地点</td><td>天数</td><td>餐饮费</td><td>市内交通费</td><td>差旅费</td></tr>
<tr><td>6</td><td>25</td><td>20:30</td><td>乌市</td><td>6</td><td>25</td><td>11:50</td><td>北京</td><td>飞机</td><td>420.00</td><td>2</td><td>273.00</td><td>150.00</td><td>—</td></tr>
<tr><td>6</td><td>27</td><td>09:00</td><td>北京</td><td>6</td><td>27</td><td>12:30</td><td>乌市</td><td>飞机</td><td>420.00</td><td></td><td></td><td></td><td></td></tr>
<tr><td></td><td></td><td></td><td></td><td></td><td></td><td></td><td></td><td></td><td></td><td></td><td></td><td></td><td></td></tr>
<tr><td></td><td></td><td></td><td></td><td></td><td></td><td></td><td></td><td></td><td></td><td></td><td></td><td></td><td></td></tr>
<tr><td></td><td></td><td></td><td></td><td></td><td></td><td></td><td></td><td></td><td></td><td></td><td></td><td></td><td></td></tr>
<tr><td></td><td></td><td></td><td></td><td></td><td></td><td></td><td></td><td></td><td></td><td></td><td></td><td></td><td></td></tr>
<tr><td colspan="8">小计</td><td></td><td>840.00</td><td></td><td>273.00</td><td>150.00</td><td>—</td></tr>
<tr><td colspan="3">报销金额（大写）</td><td colspan="6">人民币壹仟贰佰陆拾叁元整</td><td>小写</td><td colspan="4">¥1 263.00</td></tr>
</table>

领款人签字：严妍　　财务审核：　　财务部经理：　　总经理：

部门负责人：张琦　　分管领导：王洪　　主管财务副总：　　出纳付讫：

图 2－5－2　差旅费报销单

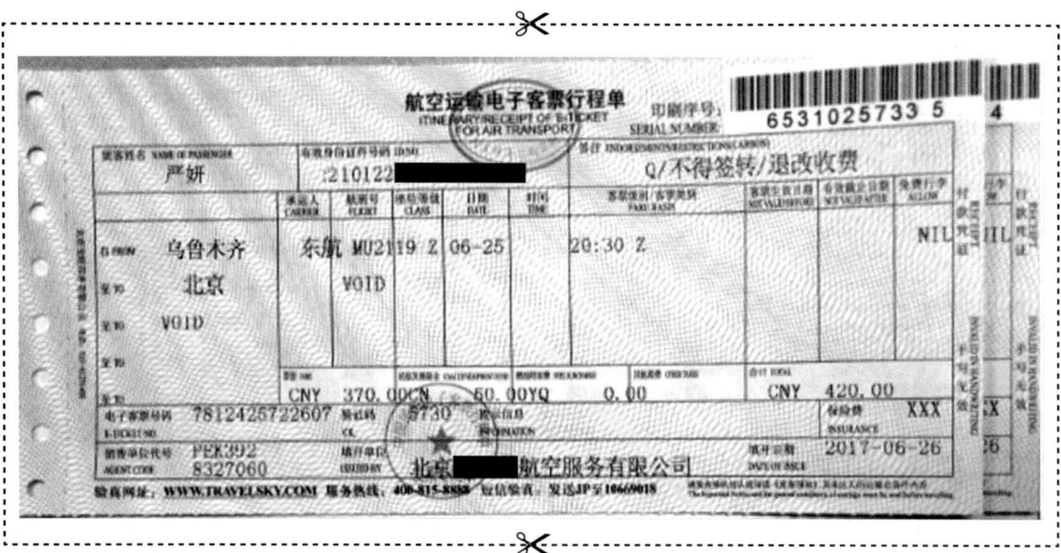

航空运输电子客票行程单
ITINERARY/RECEIPT OF E-TICKET FOR AIR TRANSPORT
印刷序号: SERIAL NUMBER: 6531025733 5

旅客姓名 NAME OF PASSENGER: 严妍
有效身份证件号码 ID.NO: 210122[redacted]
签注 ENDORSEMENTS/RESTRICTIONS(CARBON): Q/不得签转/退改收费

	承运人 CARRIER	航班号 FLIGHT	座位等级 CLASS	日期 DATE	时间 TIME	客票级别/客票类别 FARE BASIS	客票生效日期 NOT VALID BEFORE	有效截止日期 NOT VALID AFTER	免费行李 ALLOW
自 FROM 乌鲁木齐	东航	MU2119	Z	06-25	20:30	Z			NIL
至 TO 北京		VOID							
至 TO VOID									
至 TO									
至 TO									

票价 FARE: CNY 370.00 民航发展基金 CAAC DEVELOPMENT FUND: CN 50.00 燃油附加费 FUEL SURCHARGE: YQ 0.00 其他税费 OTHER TAXES: 合计 TOTAL: CNY 420.00

电子客票号码 E-TICKET NO: 7812425722607 验证码 CK: 5730 提示信息 INFORMATION: 保险费 INSURANCE: XXX

销售单位代号 AGENT CODE: PEK392 8327060 填开单位 ISSUED BY: 北京[redacted]航空服务有限公司 填开日期 DATE OF ISSUE: 2017-06-26

验真网址: WWW.TRAVELSKY.COM 服务热线: 400-815-8888 短信验真: 发送JP至10669018

图 2-5-3 业务单据 1

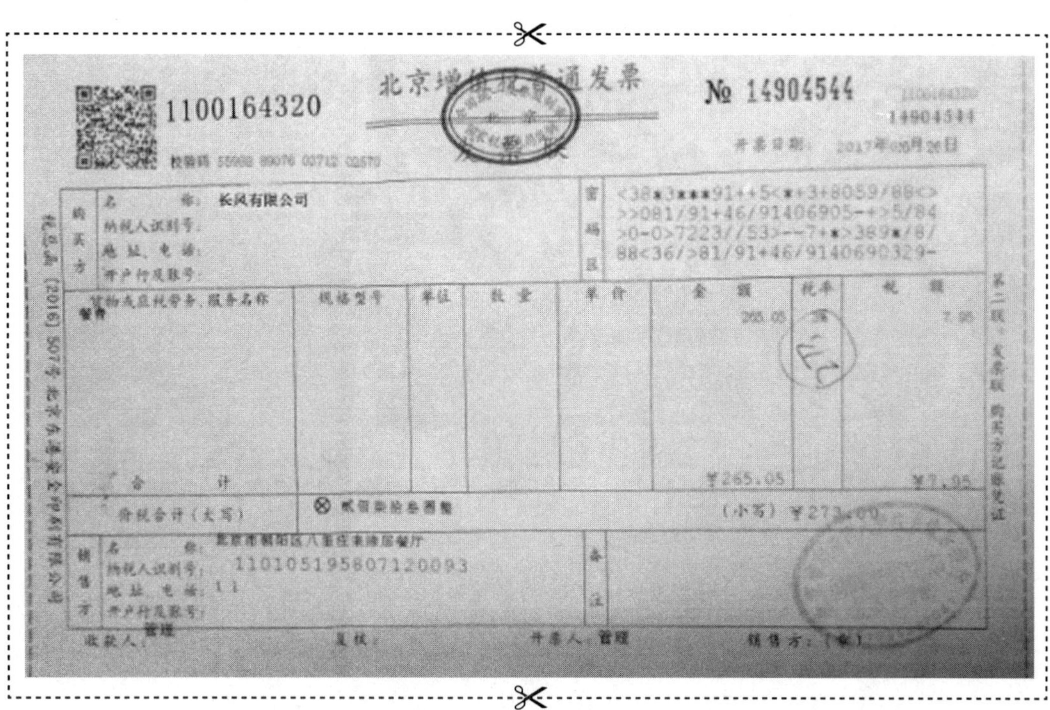

北京增值税普通发票

1100164320 № 14904544

校验码 55988 89076 00712 02670 开票日期: 2017年06月26日

购买方 名称: 长风有限公司
纳税人识别号:
地址、电话:
开户行及账号:

密码区: <38*3***91++5<*+3+8059/88<> >>081/91+46/91406905-+>5/84 >0-0>7223//53>--7+*>389*/8/ 88<36/>81/91+46/9140690329-

货物或应税劳务、服务名称	规格型号	单位	数量	单价	金额	税率	税额
餐费					265.05	3%	7.95
合计					¥265.05		¥7.95

价税合计(大写): ⊗贰佰柒拾叁圆整 (小写) ¥273.00

销售方 名称: 北京市朝阳区八里庄来福居餐厅
纳税人识别号: 110105195807120093
地址、电话:
开户行及账号:
备注:

收款人: 管理 复核: 开票人: 管理 销售方: (章)

第二联: 发票联 购买方记账凭证

图 2-5-4 业务单据 2

北京市国家税务局通用定额发票

发票联

发票代码 111001676064

发票号码 60023653

密码:

伍拾元整

110102801145381

发票专用章

图 2－5－5　业务单据 3

任务六　登记出纳账

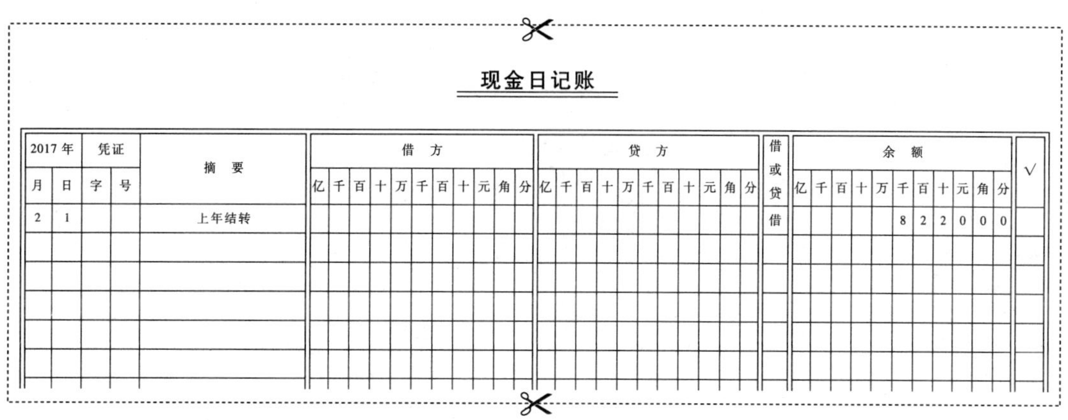

现金日记账

2017年		凭证		摘要	借方											贷方											借或贷	余额											√
月	日	字	号		亿	千	百	十	万	千	百	十	元	角	分	亿	千	百	十	万	千	百	十	元	角	分		亿	千	百	十	万	千	百	十	元	角	分	
2	1			上年结转																							借						8	2	2	0	0	0	

图 2－6－9　现金日记账

任务七　发放工资

工资发放表

编制单位：长风有限公司　　所属期：2017 年 5 月　　发放日期：2017 年 6 月 8 日　　单位：元

序号	部门	姓名	应发工资			应扣款项					工资合计	代扣代缴款项					应计个税工资	应扣个税	实发工资	备注
			基本工资	加班工资	小计	事假扣款	病假扣款	迟到扣款	其他扣款	小计		养老保险	医疗保险	失业保险	住房公积金	小计				
1	行政部	叶坤	5 000.00		5 000.00					0.00	5 000.00	400.00	100.00	50.00	400.00	950.00	4 050.00	16.50	4 033.50	
2	行政部	王莉	5 000.00		5 000.00					0.00	5 000.00	400.00	100.00	50.00	400.00	950.00	4 050.00	16.50	4 033.50	
3	生产部	李勋	3 000.00		3 000.00					0.00	3 000.00	240.00	60.00	30.00	240.00	570.00	2 430.00	0.00	2 430.00	
4	生产部	张允	3 000.00		3 000.00					0.00	3 000.00	240.00	60.00	30.00	240.00	570.00	2 430.00	0.00	2 430.00	
5	生产部	付新	5 000.00		5 000.00					0.00	5 000.00	400.00	100.00	50.00	400.00	950.00	4 050.00	16.50	4 033.50	
6	生产部	郝华	5 000.00		5 000.00					0.00	5 000.00	400.00	100.00	50.00	400.00	950.00	4 050.00	16.50	4 033.50	
7	财务部	文高宁	10 000.00		10 000.00					0.00	10 000.00	800.00	200.00	100.00	800.00	1 900.00	8 100.00	365.00	7 735.00	
8	财务室	杨青	8 000.00		8 000.00					0.00	8 000.00	640.00	160.00	80.00	640.00	1 520.00	6 480.00	193.00	6 287.00	
9	销售部	辛煜	8 000.00		8 000.00					0.00	8 000.00	640.00	160.00	80.00	640.00	1 520.00	6 480.00	193.00	6 287.00	
10	销售部	彭辉	8 000.00		8 000.00					0.00	8 000.00	640.00	160.00	80.00	640.00	1 520.00	6 480.00	193.00	6 287.00	
		合计	60 000.00	0.00	60 000.00	0.00	0.00	0.00	0.00	0.00	60 000.00	4 800.00	1 200.00	600.00	4 800.00	11 400.00	48 600.00	1 010.00	47 590.00	

批准：　　复核：　　出纳：　　制表：严妍

图 2－7－4　员工工资发放清单

项目三　出纳必须会用什么

任务一　使用印鉴

4100993170　　**新疆增值税专用发票**　　No.00085964

全国统一发票监制章　新疆　国家税务局监制

抵 扣 联

开票日期：2017年02月18日

国税函〔2017〕579号北京印钞有限公司

<table>
<tr><td rowspan="1">购货单位</td><td colspan="5">名　　称：万友有限公司
纳税人识别号：486002726755555
地 址、电 话：新疆市经济技术开发区平宁路128号 0999-65688711
开户行及账号：中国工商银行平宁分行 0200538827990088711</td><td>密码区</td><td colspan="2">-786<35/*634+15>252>*6
5251>6003*47++687*/09957>+5
0->0</136+>83266>8266-311-*
2<*210+1>6003*47++687*/60>1</td></tr>
<tr><td colspan="2">货物或应税劳务名称</td><td>规格型号</td><td>单位</td><td>数量</td><td>单价</td><td>金额</td><td>税率</td><td>税额</td></tr>
<tr><td colspan="2">B产品</td><td></td><td>件</td><td>100</td><td>300</td><td>30 000.00</td><td>17%</td><td>51 00.00</td></tr>
<tr><td colspan="2">合计</td><td></td><td></td><td></td><td></td><td>¥30 000.00</td><td></td><td>¥5 100.00</td></tr>
<tr><td colspan="2">价税合计（大写）</td><td colspan="7">⊗叁万伍仟壹佰元整　　（小写）¥35 100.00</td></tr>
<tr><td>销货单位</td><td colspan="6">名　　称：新疆彭洪有限公司
纳税人识别号：486002726700686
地 址、电 话：新疆省伊犁伊宁5号院1631室 0999-83512376
开户行及账号：中国工商银行伊宁支行 0200538827990088700</td><td>备注</td><td></td></tr>
</table>

收款人：张伟　　复核：王红　　开票人：胡瑚　　销货单位：（章）

第二联：抵扣联　购货方记账凭证

图3-1-8　增值税专用发票（抵扣联）

项目四　现金出纳能做什么

任务一　办理现金提取业务

中国工商银行
现金支票存根
No32145678
12345678

附加信息

出票日期：　　年　月　日

收 款 人：
金　　额：
用　　途：

单位主管：　　会计：
复核：　　记账：

本支票付款期限十天

中国工商银行现金支票　　32145678
12345678

出票日期（大写）　　年　月　日　　付款行名称：
收款人：　　出票行账号：

人民币（大写）	亿	千	百	十	万	千	百	十	元	角	分

用途：________　　密码________

上列款项请从
我账户内支付

出票人签章　　复核　　记账

图 4-1-5　现金支票（空白）

任务二　办理现金收款业务

收　据

年　　月　　日　　　　No. 0405086

今收到 ______________________________

____

金额（大写）⊗万 仟 佰 拾 圆 角 分

¥______　　☐现金 ☐支票 ☐转账 ☐其他　　　经手人盖章

第一联　存根联

负责人：　　会计：　　出纳：　　记账：

图 4－2－5　空白收据

任务三　办理现金送存业务

中国工商银行现金缴款单（回单）

年　月　日

交款单位	全称					款项来源							
	账号		开户银行			交款部门							
人民币（大写）						十	万	千	百	十	元	角	分
券别	壹佰元	伍拾元	贰拾元	拾元	伍元	壹元	（银行盖章） 收款　复核						
张数													
券别	伍角	贰角	壹角	伍分	贰分	壹分							
张数													

图 4－3－4　中国工商银行现金缴款单（空白）

任务四　办理借款、报销业务

借款单 2017年2月18日							
借款部门	行政部	借款人		王婷	结算期限	2017年2月25日	
借款事由及金额	本人因 购买办公用品 需要，特向公司申请借款￥ 1 000.00 人民币（大写）壹仟元整 ，并保证专款专用。 借款人：王婷　　借款日期：2017年2月18日						
部门领导	刘贤						
分管领导审批		会计核准		出纳审批		总经理审批	
备注：1.借款金额参照规定额度；2.逾期不还，公司有权从工资中扣除。							

图 4－4－8　王婷借款单

费用报销单

部门：行政部　　制单人：王婷　　填报日期：2017 年 2 月 20 日　　项目名称：购买办公用品

报销内容摘要	费用项目	发生金额	附件张数	备注
—	交通费	—		
王婷购买办公用品	办公用品	1 070.00	1	
—	招待费	—		
合计：￥ 1 070.00 元				其中：冲账￥ 1 000 元
合计（大写）：人民币壹仟零柒拾元整				付现￥____元

领款人签字：王婷　　账务审核：李林　　账务部经理：张明　　总经理：王浩

部门负责人：陈超　　分管领导：杨亚军　　主管财务副总：蔡林华　　出纳付讫：

图 4－4－9　费用报销单

广州省工商企业统一发票

发　票　联

发票代码　23917685456283

发票号码　2345654

客户名称：新疆彭洪有限公司　　　　2017年02月18日填发

品名规格	单位	数量	单价	超过百万元无效	金额								备注
					十	万	千	百	十	元	角	分	
36开软抄本	本	100	0.70						7	0	0	0	现金支付
水性笔	支	200	2.00					4	0	0	0	0	
回型针	盒	50	2.00					1	0	0	0	0	
A4打印纸	包	20	25.00					5	0	0	0	0	
合计金额（大写）	壹仟零柒拾元整			小写合计			1	0	7	0	0	0	

说明：①本发票为裁剪式。大写栏填写的仟位和佰位金额必须与剪票栏剪下的金额一致，否则为无效发票。
②发票联发生裁剪错误，应作废，并全套保存。

第二联：发票联（顾客报销凭证）

广州市五龙文具批发部 发票专用章

开票人：　　　　收款人：李小华　　　　业户名称（盖章）

发标查询：1.网站：www.×××××cov.cn 2.手机短信：FF发票代码 发票号码 开票单位税务登记号，发送到07551234

图 4－4－10　发票

任务五　清查现金

现金盘点表

单位名称：

盘点时间：　　　　　　　　　　　　　　　　　　　　　　　　　币别：

<table>
<tr><td rowspan="2">实存金额</td><td rowspan="2">账存金额</td><td colspan="2">盘点结果</td><td rowspan="2">备注（原因）</td></tr>
<tr><td>盘盈</td><td>盘亏</td></tr>
<tr><td></td><td></td><td></td><td></td><td></td></tr>
<tr><td></td><td></td><td></td><td></td><td></td></tr>
<tr><td></td><td></td><td></td><td></td><td></td></tr>
<tr><td>现金使用情况</td><td colspan="4">（1）库存现金限额；
（2）白条抵库情况；
（3）违反规定的现金支出情况；
（4）其他违反行为。</td></tr>
<tr><td colspan="5">处理决定：</td></tr>
</table>

盘点人：　　　　　　　　　监盘人：　　　　　　　　　出纳：

图 4-5-2　现金盘点表（空白）

项目五 银行出纳能做什么

任务一 管理银行结算账户

变更银行结算账户申请书

<table>
<tr><td colspan="2">存款人名称</td><td colspan="3"></td></tr>
<tr><td colspan="2">开户银行结构代码</td><td></td><td>账号</td><td></td></tr>
<tr><td colspan="2">账户性质</td><td colspan="3">基本（ ） 专用（ ） 一般（ ） 临时（ ） 个人（ ）</td></tr>
<tr><td colspan="2">开户许可证核准号</td><td colspan="3"></td></tr>
<tr><td colspan="5">变更事项及变更后内容如下：</td></tr>
<tr><td colspan="2">账户名称</td><td colspan="3"></td></tr>
<tr><td colspan="2">地址</td><td colspan="3"></td></tr>
<tr><td colspan="2">邮政编码</td><td colspan="3"></td></tr>
<tr><td colspan="2">电话</td><td colspan="3"></td></tr>
<tr><td colspan="2">注册资金金额</td><td colspan="3"></td></tr>
<tr><td colspan="2">证明文件种类</td><td colspan="3"></td></tr>
<tr><td colspan="2">证明文件编号</td><td colspan="3"></td></tr>
<tr><td colspan="2">经营范围</td><td colspan="3"></td></tr>
<tr><td rowspan="3">法定代表人或单位负责人</td><td>姓名</td><td colspan="3"></td></tr>
<tr><td>证件种类</td><td colspan="3"></td></tr>
<tr><td>证件号码</td><td colspan="3"></td></tr>
<tr><td colspan="2">关联企业</td><td colspan="3"></td></tr>
<tr><td colspan="2">上级法人或主管单位的基本存款账户核准号</td><td colspan="3"></td></tr>
<tr><td colspan="2">上级法人或主管单位的名称</td><td colspan="3"></td></tr>
<tr><td rowspan="3">上级法人或主管单位法定代表人或单位负责人</td><td>姓名</td><td colspan="3"></td></tr>
<tr><td>证件种类</td><td colspan="3"></td></tr>
<tr><td>证件号码</td><td colspan="3"></td></tr>
<tr><td colspan="2">本存款人申请变更上述银行结算账户内容，并承兑所提供的开户资料真实、有效，如有伪造、敲诈，承担法律责任。
存款人（签章）
年 月 日</td><td colspan="2">开户银行审核意见：
同意存款人开立 存款账户。
经办人（签章）
开户银行（业务公章）
年 月 日</td><td>人民银行核准意见：
经办人（签章）
开户银行（业务公章）
年 月 日</td></tr>
</table>

图 5－1－5 变更银行结算账户申请书（空白）

任务二　办理支票结算业务

中国工商银行
转账支票存根
No32145678
12345678

附加信息

出票日期：　　年　月　日

收 款 人：
金　　额：
用　　途：

单位主管：　　会计：
复核：　　记账：

本支票付款期限十天

中国工商银行转账支票　　32145678
12345678

出票日期(大写)　　年　月　日　　付款行名称：
收款人：　　出票行账号：

人民币（大写）	亿	千	百	十	万	千	百	十	元	角	分

用途：________　　密码________

上列款项请从
我账户内支付

出票人签章　　复核　　记账

图 5－2－10　转账支票（空白）

本支票付款期限十天

中国工商银行转账支票　　32145678
12345678

出票日期(大写)贰零壹柒年零贰月壹拾捌日　　付款行名称：中国工商银行乌市支行
收款人：新疆彭洪有限公司　　出票行账号：0200097419020104943

人民币（大写）	亿	千	百	十	万	千	百	十	元	角	分
贰万元整				¥	2	0	0	0	0	0	0

用途：归还前欠货款　　密码0218674251462018

上列款项请从
我账户内支付

…份有限公司
财务专用章

李云印

出票人签章　　复核　　记账

图 5－2－11　转账支票（已签发）

任务四　清查银行存款

银行存款余额调节表

银行名称：中国工商银行伊宁支行

银行账户名称：***********

银行账号：0200538827990088700

2017年　月　日　　　　　　　　单位：元

项目	金额	项目	金额
银行存款日记账余额		银行对账单余额	
加：银行已收 企业未收		加：企业已收 银行未收	
减：银行已付 企业未付		减：企业已付 银行未付	
调节后余额		调节后余额	

图 5－4－6　银行存款余额调节表（空白）

上架建议：会计职业教育

ISBN 978-7-5047-6630-4

定价：49.00元（含活页手册）